# C'EST À TOI!

## Level Three

# Workbook Teacher's Edition

D1517056

EMC/Paradigm Publishing, Saint Paul, Minnesota

| Editorial Development: | Curriculum Concepts, Inc. |
| | New York, NY |
| | |
| Illustrations: | Janet Bohn |
| | Annabelle Lee Carter |
| | Penny Carter |
| | Jennifer DeCristoforo |
| | Carol Thompson |
| | |
| Design and Production: | Pronto Design and Production, Inc. |
| | Stacey May |

## Acknowledgments

Centre de commerce mondial à Montréal (brochure): 34
FNAC (WWW advertisement): 200
*La Voix de l'Étudiant* (advertisements): 103, 107
*Le Quid, Francoscopie* (charts): 156-157
Le Shuttle (brochure): 131
Musée de la Gaspésie, Municipalité de Paspébiac, Percé...en toute saison! (WWW articles): 123
Partir avec Médecins Sans Frontières (brochure): 139
Saint-Martin, Antilles, Hotels (WWW advertisements): 114-115
SNCF (schedule): 130
SNCF La Coupe du Monde de Football (advertisement): 191

We have attempted to locate owners of copyright materials used in this book. If an error or omission has occurred, EMC/Paradigm Publishing will acknowledge the contribution in subsequent printings.

ISBN 08219-1752-8

Published by EMC/Paradigm Publishing
875 Montreal Way
St. Paul, Minnesota 55102

Printed in the United States of America
1 2 3 4 5 6 7 8 9 10 XXX 04 03 02 01 00 99

This book has been printed using recycled
paper containing 10% post-consumer waste.

C'EST À TOI!
Level Three

# CONTENTS

# To the Teacher

The Workbook Teacher's Edition reproduces the pages of the student workbook with answers to the activities printed in red for easy reference. Some of the activities practice the structures, functions, vocabulary and expressions introduced in the textbook and have only one correct answer. Other activities are more open ended. Some ask students to answer questions by writing complete sentences. The Workbook Teacher's Edition provides suggested answers to these questions, but students' responses may differ. The other type of open-ended questions asks students to respond with personal information. In this case, the Workbook Teacher's Edition indicates that "Answers will vary."

# Unité 1

## *La vie scolaire et les passe-temps*

### *Leçon A*

**1** Le prof veut savoir si les élèves ont les choses illustrées. Suivez le modèle et écrivez les dialogues entre le prof et Gilberte.

**Modèle:** Nicole

Le prof: *Est-ce que Nicole a un bloc-notes?*

Gilberte: *Non, elle a un carnet.*

1. Frédéric

Le prof:   Est-ce que Frédéric a une gomme?

Gilberte:   Non, il a un crayon.

2. Aïcha et Émilie

Le prof:   Est-ce qu'Aïcha et Émilie ont des manuels de calcul?

Gilberte:   Non, elles ont des manuels de russe.

3. tu

Le prof:   Est-ce que tu as des trombones?

Gilberte:   Non, j'ai une agrafeuse.

4.  Luc et toi, vous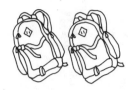

Le prof:    Est-ce que Luc et toi, vous avez des trousses?

Gilberte:   Non, Luc et moi, nous avons des sacs à dos.

5.  tu

Le prof:    Est-ce que tu as un CD?

Gilberte:   Non, j'ai une cassette.

6.  Marie et Claire

Le prof:    Est-ce que Marie et Claire ont des stylos?

Gilberte:   Non, elles ont des feutres.

7.  Céline et toi, vous

Le prof:    Est-ce que Céline et toi, vous avez des rédactions?

Gilberte:   Non, Céline et moi, nous avons des examens.

8.  Alain

Le prof:    Est-ce qu'Alain a des feuilles de papier?

Gilberte:   Non, il a un cahier.

**2** Dites si chaque phrase est vraie ou fausse (*false*) selon le dialogue de la **Leçon A.** Si elle est fausse, écrivez la phrase correcte.

1. Amadou vient du Sénégal.
   Vraie.

2. Amadou étudie dans un lycée français.
   Vraie.

3. Gilberte est la prof d'histoire.
   Fausse. Gilberte est la copine d'Amadou.

4. Amadou a séché le cours d'algèbre, donc il l'a raté.
   Vraie.

5. Les lycéens remplissent une fiche d'inscription le jour de la rentrée.
   Vraie.

6. Le censeur donne le cours de sciences po.
   Fausse. Le censeur donne l'emploi du temps.

7. Les lycéens font un exposé oral une fois par semaine dans le cours de littérature.
   Vraie.

8. Gilberte a une dissertation et de la lecture dans le labo de chimie.
   Fausse. Gilberte a une dissertation et de la lecture dans le cours de littérature.

9. Gilberte prend des notes dans son manuel de calcul.
   Fausse. Gilberte prend des notes dans son cahier.

10. Amadou pense que le cours de chimie n'est pas facile à comprendre.
    Vraie.

11. Gilberte va au Centre de recherches avant sa conférence.
    Fausse. Gilberte va au Centre de recherches après sa conférence.

12. Amadou suit un cours de russe et Gilberte suit un cours de grec.
    Vraie.

**3** | Lisez ces articles de magazine avant de choisir les bonnes (*correct*) réponses.

## Le Magazine De **DAKAR**

### Sommaire

## MAGASIN DE LA PRESSE
## LIBRAIRIE-PAPETERIE

C'est la rentrée. Vous devez acheter vos manuels
et les nécessités pour les cours.
Nous avons:

**Feutres • Carnets • Agrafeuses**
**• Gommes • Stylos • Bloc-notes**
**Manuels et livres scolaires • Dictionnaires**

et si vous voulez vous reposer, nous avons:

**Bandes dessinées • magazines pour les jeunes**

*Pour bien préparer votre rentrée,*
*faites votre shopping chez nous!*

**ATTENTION:** le 7 septembre, nous offrons une
réduction de 20% sur tous les manuels scolaires!

Venez vite au **37, avenue des Écoles • Paris 75005**

---

**Vous étudiez en France?**
**Vous avez des problèmes au lycée?**

*•Les dissertations sont difficiles à écrire.*
*•Vous ne savez pas où faire des recherches.*
*•Les professeurs en France préfèrent les*
*rédactions aux questions à choix multiples.*
*•Les salles de conférences sont trop grandes. Il y a*
*trop d'élèves pour suivre un cours.*

**Trouvez les solutions avec**
**LE LYCÉE FACILE!**

LE LYCÉE FACILE est une organisation à votre disposition
24 heures sur 24 qui répond à vos questions
sur l'enseignement en France.

**Téléphonez-nous au 01.55.55.30.30.**

Des professeurs et des lycéens sont là pour proposer
des solutions pratiques à vos problèmes scolaires.

1. Le Sénégal est un pays....

   a. américain      (b.) africain      c. européen

2. La capitale du Sénégal s'appelle....

   a. Sahara      b. Ouolof      (c.) Dakar

3. Dakar est une ville sur....

   a. l'océan Pacifique      (b.) l'océan Atlantique      c. l'océan Indien

4. Un problème de l'environnement au Sénégal est....

   (a.) qu'il y a moins de poissons    b. qu'il y a plus de poissons    c. qu'il n'y a pas de poissons

5. Les lycéens au Sénégal parlent souvent....

   a. français et grec      b. anglais et russe      (c.) ouolof et français

6. Au Sénégal les lycéens doivent passer le bac avant....

   (a.) d'entrer à l'université      b. de visiter la France      c. d'étudier l'anglais

7. Les lycéens français doivent acheter....

   a. des magazines      b. des bandes dessinées      (c.) des manuels scolaires

8. À la librairie-papeterie on achète....

   (a.) des livres et des feutres      b. des chaussures et des vêtements      c. des exposés et des rédactions

9. Les manuels scolaires sont des livres....

   a. utilisés en vacances      (b.) utilisés au lycée      c. utilisés pour voyager

10. Les lycéens français doivent acheter les nécessités pour les cours....

    a. pendant les cours      b. en vacances      (c.) à la rentrée

11. Les professeurs en France préfèrent....

    a. les questions à choix multiples      (b.) les rédactions      c. les questions à courte réponse

12. Les salles de conférences en France sont quelquefois....

    (a.) très grandes      b. trop petites      c. très loin

**4** Complétez le dialogue de ces lycéens avec la forme correcte du verbe entre parenthèses.

Raïssa:   Bonjour, les amis! Qui _____attendez_____-vous? (attendre)

Marc:   Moi, j'_____attends_____ Louis. (attendre)

Pierre:   Voilà Louis. Bonjour! Raïssa, je te _____présente_____ mon ami Louis. (présenter)

Louis:   Bonjour, Raïssa! Dis, tu _____finis_____ le lycée cette année? Tu _____passes_____ le bac en juin? (finir, passer)

Raïssa:   Oui, Marc et moi, nous _____remplissons_____ déjà nos fiches d'inscription pour l'université. (remplir)

Louis:   Moi, si je _____réussis_____ au bac, je vais étudier les sciences po à Paris. Est-ce que vous _____choisissez_____ déjà vos cours à l'université? (réussir, choisir)

Marc:   Non. Mais Pierre, lui, _____remplit_____ toutes les fiches d'inscription qu'il _____trouve_____! (remplir, trouver)

Pierre:   Pour le moment, Marc et Raïssa _____choisissent_____ les sports qu'ils vont faire au lycée. (choisir)

Marc:   C'est vrai. Raïssa _____adore_____ le tennis et moi, j'_____aime_____ le football. Nous y _____jouons_____ chaque matin. (adorer, aimer, jouer)

Pierre:   Moi, ce matin, je _____rends_____ visite au censeur avec mon ami Aaron. (rendre)

Marc:   Pourquoi? Vous avez des problèmes? Vous _____ratez_____ vos cours? (rater)

Pierre:   Non. Nous _____perdons_____ souvent nos notes et nos manuels. Alors le directeur et le censeur _____désirent_____ nous parler! (perdre, désirer)

Louis:   Le censeur et le directeur _____attendent_____ votre visite tout de suite? (attendre)

Pierre:   Non, pas maintenant, à 11h00. Dis, Raïssa, tu _____vends_____ tes vieux manuels? (vendre)

Raïssa:   Non, mais Marc _____vend_____ ses manuels de l'année dernière. (vendre)

Pierre:   Raïssa, tu _____finis_____ à 5h00 ce soir? (finir)

Raïssa:   Non, Marc et moi, nous _____finissons_____ à 4h00. Nous _____pensons_____ aller au cinéma. Tu veux venir avec nous? (finir, penser)

Louis:   Et moi, je vais à une fête ce soir. Tu veux y aller avec moi? Qu'est-ce que tu _____décides_____? (décider)

Pierre:   C'est facile: je _____choisis_____ d'aller au cinéma et aussi à la fête! (choisir)

**5** Que font les élèves et le professeur? Complétez chaque phrase avec le verbe le plus logique de la liste suivante.

| | | | |
|---|---|---|---|
| aimer | écouter | regarder | sécher |
| attendre | finir | remplir | travailler |
| chercher | perdre | rendre visite | utiliser |
| choisir | préparer | réussir | vendre |

**Modèle:** Vanessa ___*prépare*___ un exposé.

1. Nora et Nadia ___regardent___ le tableau.

2. Tu ___attends___ la fin du cours avec impatience.

3. Les nouveaux élèves ___remplissent___ des fiches d'inscription.

4. Malick et moi, nous ___utilisons___ les ordinateurs de la classe.

5. J'___écoute___ une cassette de chansons françaises.

6. Delphine ___finit___ ses recherches dans le labo.

7. Tu ___cherches___ ton sac à dos sous la chaise.

8. Vous ___vendez___ vos manuels de l'année dernière au nouvel élève.

9. Entre le russe et le grec, je ___choisis___ d'apprendre le russe.

10. Suzanne et Sarah ___perdent___ souvent leurs notes.

11. Vous ___réussissez___ à l'examen de chimie.

12. Vous n'aimez pas les sciences. Vous ___séchez___ souvent le cours de chimie.

13. Le directeur ___rend visite___ au professeur en classe.

14. Thomas ___aime___ étudier dans le labo.

15. Nous ___travaillons___ dur en classe.

**6** Vous lisez des lettres sur votre ordinateur. Complétez chaque espace blanc dans les lettres suivantes avec la forme appropriée du verbe **être, avoir, aller** ou **faire.**

---

**e-mail**

Bonjour du lycée Condorcet de Seclin (France)

Ici, les lycéens ___sont___ intelligents. Ils ___font___ des exposés. Ils ___vont___ au Centre de recherches. Ils ___ont___ tous de bonnes notes!

---

**e-mail**

Léopold Fall - Sénégal

Bonjour! Je ___vais___ au lycée de Dakar. Je ___suis___ en terminale. Je ___fais___ beaucoup de sport et j'___ai___ beaucoup d'amis. À bientôt.

---

**e-mail**

Moi, c'est Lucie Lefèvre de Bruxelles, en Belgique. Et toi? Qui ___es___ -tu? Où ___vas___ -tu à l'école? Que ___fais___ -tu le weekend? Est-ce que tu ___as___ une correspondante? Écris-moi vite!

---

**e-mail**

Mes amis de Paris et moi, nous adorons le sport.

Vous **êtes** américains? Vous **faites** du sport?

Vous **avez** besoin de connaître des athlètes français?

Vous **allez** venir quand? Nous vous attendons!

**e-mail**

Bonjour!

Nous **faisons** des recherches sur les États-Unis.

Nous **sommes** suisses. Nous **allons** visiter l'Amérique du Nord cet été. Nous **avons** besoin d'amis en Amérique!

**e-mail**

Où est ma correspondante?

Je ne trouve pas l'adresse de mon amie! Elle **est** canadienne. Elle **va** à l'école à Montréal. Elle **fait** du camping en été et elle **a** un chien noir. Est-ce que vous la connaissez?

---

**7** C'est la rentrée. Utilisez le verbe **être**, **avoir**, **aller** ou **faire** pour former une phrase logique qui décrit des gens au lycée.

**Modèle:** nous / étudier à la bibliothèque

*Nous allons étudier à la bibliothèque.*

1. les élèves / la connaissance du professeur de sciences po

   Les élèves font la connaissance du professeur de sciences po.

   _____

2. je / besoin d'un sac à dos

     J'ai besoin d'un sac à dos.

3. Akira et moi, nous / lycéens

     Akira et moi, nous sommes lycéens.

4. vous / travailler au labo

     Vous allez travailler au labo.

5. Fatima / utiliser l'ordinateur du Centre de recherches

     Fatima va utiliser l'ordinateur du Centre de recherches.

6. tu / américaine

     Tu es américaine.

7. nous / un exposé sur l'enseignement

     Nous faisons un exposé sur l'enseignement.

8. je / du sport le lundi

     Je fais du sport le lundi.

9. tu / à la salle de conférences

     Tu vas à la salle de conférences.

10. les professeurs / beaucoup d'élèves

     Les professeurs ont beaucoup d'élèves.

11. le directeur / gentil

     Le directeur est gentil.

12. ta cousine et toi, vous / du sport

     Ta cousine et toi, vous faites du sport.

13. nous / voir le censeur

     Nous allons voir le censeur.

14. je / en terminale

     Je suis en terminale.

15. tu / une dissertation à faire

     Tu as une dissertation à faire.

16. vous / besoin d'un manuel de calcul

     Vous avez besoin d'un manuel de calcul.

**8** Lisez les descriptions, puis dites si les personnes font ou ne font pas les choses suivantes. Faites des phrases logiques.

**Modèle:** Je suis fatigué. (sortir? dormir beaucoup?)

*Tu ne sors pas. Tu dors beaucoup.*

1. Henri a chaud. Il est près de la fenêtre. (ouvrir la fenêtre? vouloir fermer la fenêtre?)

   Il ouvre la fenêtre. Il ne veut pas fermer la fenêtre.

2. Catherine a soif. Elle achète un coca. (mettre le coca dans son sac à dos? boire le coca?)

   Elle ne met pas le coca dans son sac à dos. Elle boit le coca.

3. Jérôme et toi, vous avez une correspondante au Sénégal. (écrire des lettres? savoir parler ouolof?)

   Nous écrivons des lettres. Nous ne savons pas parler ouolof.

4. Nous sommes en classe. Le professeur n'est pas là. (devoir attendre? s'asseoir sur le bureau du professeur?)

   Vous devez attendre. Vous ne vous asseyez pas sur le bureau

   du professeur.

5. Je suis à une boum parce que c'est l'anniversaire de mon ami Antoine. (recevoir un cadeau? offrir un cadeau à Antoine?)

   Tu ne reçois pas de cadeau. Tu offres un cadeau à Antoine.

6. Béatrice et Arielle sont en retard. (courir? pouvoir prendre leur temps?)

   Elles courent. Elles ne peuvent pas prendre leur temps.

7. Vous êtes en terminale. Vous voulez aller à l'université l'année prochaine. (venir aux cours en retard? mettre vos fiches d'inscription dans une enveloppe?)

   Nous ne venons pas aux cours en retard. Nous mettons nos fiches

   d'inscription dans une enveloppe.

8. Tu as une nouvelle voiture. (conduire tous les jours? prendre le bus?)

   Je conduis tous les jours. Je ne prends pas le bus.

   _____

9. Ces lycéens habitent à Dakar. (voir la tour Eiffel de leur maison? vivre au Sénégal?)

   Ils ne voient pas la tour Eiffel de leur maison. Ils vivent au Sénégal.

   _____

10. Le censeur déménage loin et il change de travail. (partir habiter dans une autre ville? dire bonjour aux lycéens tous les jours?)

    Il part habiter dans une autre ville. Il ne dit pas bonjour aux lycéens

    tous les jours.

11. Vous apprenez le français. (connaître le professeur de français? lire des livres grecs?)

    Nous connaissons le professeur de français. Nous ne lisons pas de

    livres grecs.

12. Ma copine et moi, nous faisons du sport. (devenir faibles? croire que c'est bon pour la santé?)

    Vous ne devenez pas faibles. Vous croyez que c'est bon pour la santé.

    _____

**9** | Complétez les mots croisés avec la forme correcte des verbes.

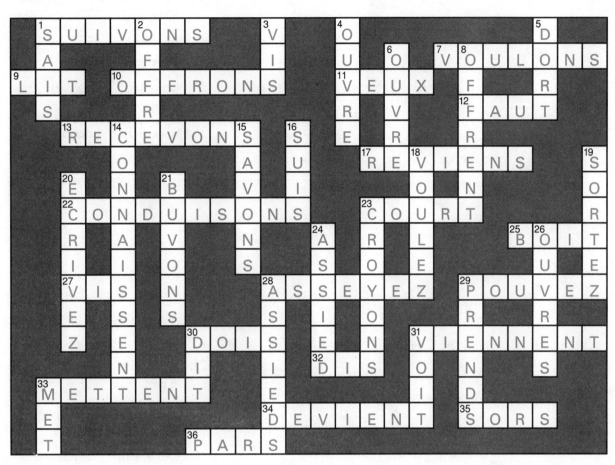

### Horizontalement

1. (suivre) Nous ___ un cours de français.

7. (vouloir) Dominique et moi, nous ___ l'agrafeuse.

9. (lire) David ___ ma dissertation.

10. (offrir) Nous ___ un stylo au professeur.

11. (vouloir) Tu ___ voir le directeur.

12. (falloir) Il ___ faire ses devoirs le soir.

13. (recevoir) Luc et moi, nous ___ des journaux français.

17. (revenir) Je ___ dans une heure.

22. (conduire) Céline et moi, nous ___ Pierre au lycée.

23. (courir) Bernard ___ vite.

25. (boire) Le professeur ___ un café.

## Horizontalement

27. (vivre) Tu ___ au Canada.

28. (s'asseoir) Vous vous ___ sur la chaise.

29. (pouvoir) Marc et toi, vous ___ aller à l'université en France.

30. (devoir) Tu ___ étudier plus.

31. (venir) Tous les élèves ___ à la conférence.

32. (dire) Je ___ bonjour au censeur.

33. (mettre) Les élèves ___ leurs manuels dans leurs sacs à dos.

34. (devenir) Janine ___ un bon professeur.

35. (sortir) Je ___ du cours à trois heures.

36. (partir) Tu ___ demain au Maroc.

## Verticalement

1. (savoir) Tu ___ ta leçon.

2. (offrir) J'___ des feutres aux élèves.

3. (vivre) Je ___ près de l'école.

4. (ouvrir) Ali ___ son cahier.

5. (dormir) Christian ___ en classe.

6. (ouvrir) J'___ mon manuel de grec.

8. (offrir) Elles ___ un livre à Daniel.

14. (connaître) Les professeurs ___ tous les élèves.

15. (savoir) Toi et moi, nous ___ notre leçon de calcul.

16. (suivre) Tu ___ un cours de russe.

18. (vouloir) Michèle et toi, vous ___ faire un exposé sur le lycée.

19. (sortir) Sandrine et toi, vous ___ du cours d'anglais à 11h00.

20. (écrire) Vous ___ une lettre au censeur.

21. (boire) Nous ___ du lait à la cantine.

23. (croire) Louis et moi, nous ___ le professeur.

24. (s'asseoir) Il s'___ toujours devant moi.

26. (ouvrir) Tu ___ la fenêtre.

28. (s'asseoir) Tu t'___ devant le bureau.

29. (prendre) Je ___ le bus tous les jours.

30. (dire) Ma copine ___ au revoir à son frère.

31. (voir) Hélène ___ le directeur.

33. (mettre) Hakim ___ le bloc-notes dans son sac à dos.

**10** M. Ahmed Kallel est un professeur de chimie marocain en visite dans votre lycée. Il donne une conférence, mais il y a beaucoup d'élèves et vous n'entendez pas bien les questions. Écrivez les questions qui correspondent aux expressions *en italique* dans les réponses de M. Kallel.

**Modèle:** *Les élèves du lycée de Casablanca* assistent à mes cours.

*Qui assiste à vos cours?*

1. Je donne *des dissertations et des rédactions* comme devoirs.

   Qu'est-ce que vous donnez comme devoirs? / Que donnez-vous comme devoirs?

2. Je parle de mes élèves *avec le directeur de mon lycée*.

   Avec qui est-ce que vous parlez de vos élèves? / Avec qui parlez-vous de vos élèves?

3. *Mes élèves* prennent des notes pendant mes cours.

   Qui prend des notes pendant vos cours? / Qui est-ce qui prend des notes pendant vos cours?

4. J'aime *écouter les exposés de mes élèves*.

   Qu'est-ce que vous aimez? / Qu'aimez-vous?

5. J'ai besoin *d'un labo* pour faire mes recherches.

   De quoi est-ce que vous avez besoin pour faire vos recherches? / De quoi avez-vous besoin pour faire vos recherches?

6. *Les problèmes de l'enseignement* intéressent tous les professeurs.

   Qu'est-ce qui intéresse tous les professeurs?

7. J'admire *Albert Einstein et Marie Curie*.

   Qui est-ce que vous admirez? / Qui admirez-vous?

8. Je travaille *pour le censeur et le directeur du lycée*.

   Pour qui est-ce que vous travaillez? / Pour qui travaillez-vous?

9. Je reçois les élèves *qui désirent me parler*.

   Qui est-ce que vous recevez? / Qui recevez-vous?

10. Dans mon lycée, *le directeur* donne les emplois du temps aux professeurs.

    Qui donne les emplois du temps aux professeurs dans votre lycée? / Qui est-ce qui donne les emplois du temps aux professeurs dans votre lycée?

11. *Les élèves* me téléphonent quelquefois.

Qui est-ce qui vous téléphone quelquefois? / Qui vous téléphone

quelquefois?

12. Je prépare mes cours *avec un ordinateur*.

Avec quoi est-ce que vous préparez vos cours? / Avec quoi

préparez-vous vos cours?

**11** Les élèves du lycée de Montréal partent piqueniquer. Dites s'ils prennent les choses illustrées ou pas.

**Modèles:**

 ils

*Ils ne les prennent pas.*

 Annie

*Annie le prend.*

1. 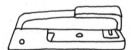 je

Je ne la prends pas.

2.  tu

Tu les prends.

3.

Martine

Martine le prend.

4.

Khaled et Nicolas

Khaled et Nicolas ne les prennent pas.

5.

le professeur

Le professeur la prend.

6.

Yoko et moi

Yoko et moi, nous ne les prenons pas.

7.

tu

Tu les prends.

8.

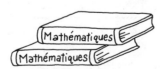

vous

Vous ne les prenez pas.

**12** Écrivez pourquoi les élèves de votre classe remercient les personnes indiquées. Suivez le modèle.

| Modèle | je | tante Rose | aider à faire mes devoirs |
|---|---|---|---|
| 1. | tu | tes copains | inviter à la boum |
| 2. | Sophie et toi | Sylvie | emmener à la plage |
| 3. | nous | tes parents | conduire au lycée |
| 4. | je | le censeur | écouter parler de mes problèmes |
| 5. | tu | Aïcha et Émilie | comprendre |
| 6. | Bénédicte et moi | vous | attendre après les cours |
| 7. | je | ma cousine | conduire dans sa voiture de sport |
| 8. | Myriam | Denis | inviter à danser |
| 9. | Annick et moi | vos sœurs | aider à écrire nos dissertations |
| 10. | tu | Benjamin et moi | choisir pour jouer au foot |

Modèle: *Je la remercie parce qu'elle m'aide à faire mes devoirs.*

1. Tu les remercies parce qu'ils t'invitent à la boum.

2. Sophie et toi, vous la remerciez parce qu'elle vous emmène à la plage.

3. Nous les remercions parce qu'ils nous conduisent au lycée.

4. Je le remercie parce qu'il m'écoute parler de mes problèmes. _____

_____

5. Tu les remercies parce qu'elles te comprennent. _____

_____

6. Bénédicte et moi, nous vous remercions parce que vous nous attendez _____

après les cours. _____

7. Je la remercie parce qu'elle me conduit dans sa voiture de sport. _____

_____

8. Myriam le remercie parce qu'il l'invite à danser. _____

_____

9. Annick et moi, nous les remercions parce qu'elles nous aident à écrire _____

nos dissertations. _____

10. Tu nous remercies parce que nous te choisissons pour jouer au foot. _____

_____

**13** | Votre classe vient de devenir membre d'un club du livre. Tout le monde décide d'acheter un livre et de l'offrir à une autre personne. Lisez le choix du club, puis écrivez le nom du livre que les personnes indiquées décident d'offrir.

**Modèle:** toi / à ton amie Pascale qui aime la France

*Tu lui donnes UNE ANNÉE EN PROVENCE.*

1. le professeur de français / à moi

   Il me donne *LE ROBERT DICTIONNAIRE D'AUJOURD'HUI /*

   *DICTIONNAIRE DE L'ORTHOGRAPHE.*

2. moi / à toi qui aimes Disney

   Je te donne *LE RETOUR DE JAFAR.*

Workbook    ©EMC

**15** | Écrivez une rédaction de trois paragraphes sur l'enseignement en France et aux États-Unis.

Introduction:      Dites que vous allez parler de l'enseignement en France et aux États-Unis.

Rédaction:      Décrivez l'enseignement en France: les profs, les examens, les cours.
Décrivez l'enseignement en Amérique: les profs, les examens, les cours.
Donnez votre opinion. Dites pourquoi vous avez cette opinion. Donnez des exemples.
Utilisez: *d'abord, ensuite, parce que, mais, au contraire, enfin.*

Conclusion:      Donnez votre opinion finale. Dites si vous préférez l'enseignement en France ou aux États-Unis. Donnez les raisons de votre choix.

Answers will vary.

_____

_____

_____

_____

_____

_____

_____

_____

_____

_____

_____

_____

_____

_____

_____

_____

_____

_____

_____

_____

_____

**16** | **A.**    Céline passe le weekend avec sa famille chez les LaFontaine, des amis québécois. Elle téléphone à son ami Robert. Regardez l'illustration et complétez la conversation entre Céline et Robert.

Robert:    Allô, oui?

Céline:    Bonjour, Robert! C'est Céline.

Robert:    Ah! C'est toi, Céline? Où es-tu?

Céline:    Les LaFontaine sont à la montagne avec mon frère, Cédric, et moi, je suis au parc _____d'attractions_____ avec mes parents. Je suis devant la _____voyante_____. Après, je vais faire un tour de _____grande roue_____ pour voir la ville de haut! Mes sœurs conduisent. Elles sont dans les _____autos tamponneuses_____. Tiens, mon ami Patrick a très peur. Il descend rapidement!

Robert:    Comment?

Céline:    Il fait un tour de _____montagnes russes_____! Son petit frère, Jean, est sur un cheval. Il fait _____un tour de manège_____.

Robert:    Et où sont tes parents?

Céline:    Ma mère semble petite et très grosse. Elle est à la _____galerie des miroirs déformants_____. Mon père, lui, veut avoir un petit ours aux _____jeux d'adresse_____! Bon, je dois partir. Je vais téléphoner à Cédric. Je lui demande de te téléphoner?

Robert:    Oui, d'accord!

C'EST À TOI!
Level Three

Céline:     Au revoir.

Robert:     Au revoir, Céline.

**B.**   Regardez l'illustration et complétez la conversation entre Cédric et Robert.

Robert:    Allô, oui?

Cédric:    Bonjour, Robert! C'est moi, Cédric. Je suis à la montagne avec les LaFontaine. Sais-
           tu que Mme LaFontaine adore faire de la _____planche à neige_____?
           Elle fait aussi de la planche à voile en été et elle fait de la
           _____planche à roulettes_____ dans les rues de la ville!

Robert:    Et Monsieur LaFontaine?

Cédric:    Il regarde le lac. Tiens, ses parents sont là aussi. Ils sont âgés, mais ils aiment
           marcher. Alors, ils font une _____promenade_____. Ils admirent les
           personnes qui font de l'_____escalade_____.

Robert:    Et que font Anne et Sylvestre LaFontaine?

Cédric:    Ils sont sur la piste. Ils font du _____ski de fond_____. Bon, je te
           laisse. Je vais faire de la _____luge_____! À bientôt!

Robert:    À bientôt, Cédric! Bonne journée!

**17** | Choisissez la réponse correcte selon le dialogue de la **Leçon B.**

1. Qu'est-ce qu'on fait à La Ronde?

   a. On danse.           (b.) On s'amuse.           c. On travaille.

2. Où est-ce qu'on peut heurter d'autres personnes?

   a. sur la grande        b. en classe              (c.) dans les autos
      roue                                                tamponneuses

3. Quand est-ce qu'on rigole comme des fous?

   (a.) quand on s'amuse    b. quand on est           c. quand on est
       bien                     triste                    malade

4. Qui peut dire si on va avoir de la chance en amour?

   a. les personnes au     b. Francine               (c.) la voyante
      Carnaval de Québec

5. Si on va voir la voyante une fois, combien de consultations a-t-on?

   a. deux                 (b.) une                   c. beaucoup

6. Qu'est-ce qu'on fait quand on a de la chance aux jeux d'adresse?

   a. On perd.             b. On a une consultation.  (c.) On gagne.

7. Où est-ce qu'il y a des montagnes russes?

   (a.) à La Ronde          b. à la montagne          c. au guichet

8. Qu'est-ce qu'on doit acheter avant de faire un tour de grande roue?

   (a.) un ticket           b. une consultation       c. une luge

9. Où est-ce qu'on achète des tickets pour faire un tour de manège?

   a. à la montagne        (b.) au guichet            c. chez Lucien

10. Le Carnaval de Québec, qu'est-ce que c'est?

    a. C'est un jeu d'adresse.   (b.) C'est une fête canadienne.   c. C'est un parc
                                                                        d'attractions.

11. Quand est-ce qu'on peut faire des sports d'hiver?

    (a.) en décembre        b. en mai                 c. en septembre

12. Pour quel sport d'hiver est-ce qu'on a besoin de bâtons?

    a. pour faire de        b. pour faire de la       (c.) pour faire du ski
       la luge                 planche à neige            de fond

13. Qu'est-ce qu'on fait quand on s'entraîne?

    a. On regarde les sports à la télé.   b. On va à La Ronde.   (c.) On fait du sport.

**18** Lisez cette publicité pour le Carnaval de Québec. Qu'est-ce qu'on peut y faire?

# À QUÉBEC, HIVER=CARNAVAL!

*Venez à Québec et fêtez l'hiver avec le Bonhomme Carnaval!*

• admirer les sculptures de neige qui décorent les rues,

• assister au défilé nocturne de chars illuminés,

• faire du canoë sur le Saint-Laurent gelé,

• faire du ski de fond dans le centre-ville,

• participer aux activités sportives et aux compétitions,

• nager et rouler dans la neige comme les ours polaires,

• voir les feux d'artifice multicolores reflétés sur la neige.

*Oubliez le froid et vos problèmes!*

*Mettez votre costume le plus drôle et venez danser la gigue avec nous!*

**A.** Au Carnaval de Québec, qu'est-ce qu'il y a? Mettez un √ dans la case (*square*) appropriée.

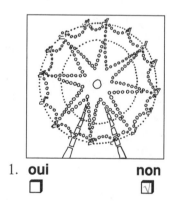

1. **oui**   **non**
   ☐     ☑

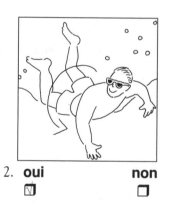

2. **oui**   **non**
   ☑     ☐

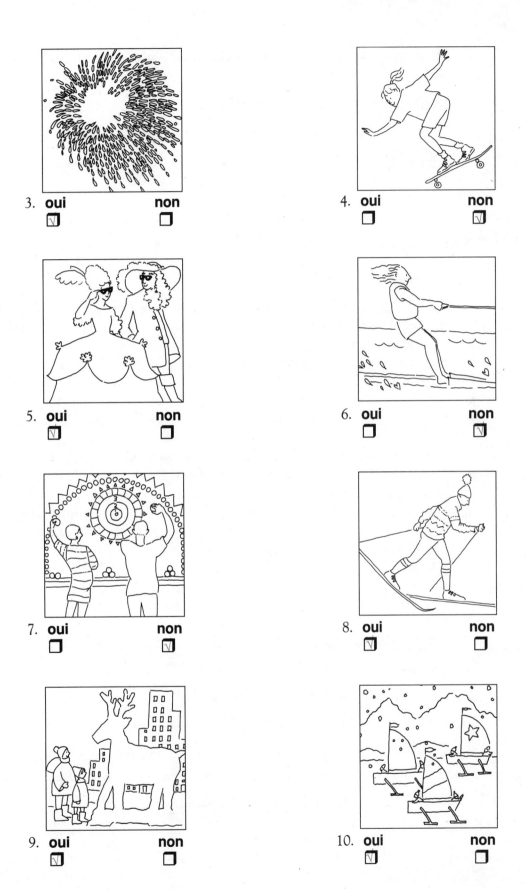

3. **oui** ☑     **non** ☐

4. **oui** ☐     **non** ☑

5. **oui** ☑     **non** ☐

6. **oui** ☐     **non** ☑

7. **oui** ☐     **non** ☑

8. **oui** ☑     **non** ☐

9. **oui** ☑     **non** ☐

10. **oui** ☑     **non** ☐

**B.** Maintenant, dites où on peut faire les choses de l'Activité A qui ne sont pas au Carnaval de Québec. Sample answers.

(1.) On peut faire un tour de grande roue à La Ronde à Montréal.

(4.) On peut faire de la planche à roulettes dans les rues ou dans les parcs.

(6.) On peut faire du ski nautique sur le lac.

(7.) On peut jouer aux jeux d'adresse à La Ronde.

**19** Nathalie écrit à sa copine Monique. Mettez sa lettre au **passé composé**.

Chère Monique,

Tu (1) <u>es</u> au Sénégal. Ta famille et toi, vous (2) <u>rendez visite</u> à ton correspondant, et vous (3) <u>visitez</u> le pays. Est-ce que tu (4) <u>réussis</u> à parler un peu l'ouolof? Qu'est-ce que tu (5) <u>n'aimes pas</u>? (6) <u>Reçois-tu</u> mes lettres? Moi, pendant ce temps, je (7) <u>suis</u> un cours de volley et (8) j'<u>apprends</u> à faire de la planche à roulettes. Je (9) <u>voyage</u> un peu. Ce weekend, ma famille et moi, nous (10) <u>choisissons</u> d'aller à Montréal. Nous (11) <u>prenons</u> l'avion. À Montréal, il (12) <u>faut</u> tout de suite aller à La Ronde. Et toi, (13) <u>peux-tu</u> aller dans un parc d'attractions à Dakar? Mon père nous (14) <u>conduit</u> à La Ronde. Je (15) <u>cours</u> voir la voyante! Elle me (16) <u>dit</u> de bonnes choses. Mes parents (17) <u>ne la croient pas</u>. Après, nous (18) <u>voyons</u> la galerie des miroirs déformants. Là, nous (19) <u>rigolons</u> comme des fous. Puis, nous (20) <u>faisons</u> des tours de manège. (21) <u>J'ai peur</u> sur les montagnes russes, alors (22) <u>j'offre</u> mes tickets à mon frère. Il (23) <u>ne les veut pas</u>! Nous les (24) <u>vendons</u> à un petit garçon. Ensuite, mon père nous (25) <u>invite</u> au restaurant pour le dîner. Nous (26) <u>mangeons</u> de la pizza et nous (27) <u>buvons</u> de l'eau minérale canadienne. Et toi, (28) <u>déjeunes-tu souvent</u> dans un restaurant sénégalais? Bon. Je (29) <u>remplis</u> ma page, alors je (30) <u>finis</u> ma lettre.

À bientôt.

Ta copine Nathalie

Chère Monique,

Tu (1) <u>as été</u> au Sénégal. Ta famille et toi, vous (2) <u>avez rendu visite</u> à ton correspondant, et vous (3) <u>avez visité</u> le pays. Est-ce que tu (4) <u>as réussi</u> à parler un peu l'ouolof? Qu'est-ce que tu (5) <u>n'as pas aimé</u>? (6) <u>As-tu reçu</u> mes lettres? Moi, pendant ce temps, (7) <u>j'ai suivi</u> un cours de volley et (8) <u>j'ai appris</u> à faire de la planche à roulettes. (9) <u>J'ai voyagé</u> un peu. Ce weekend, ma famille et moi, nous (10) <u>avons choisi</u> d'aller à Montréal. Nous (11) <u>avons pris</u> l'avion. À Montréal, il (12) <u>a fallu</u> tout de suite aller à La Ronde. Et toi, (13) <u>as-tu pu</u> aller dans un parc d'attractions à Dakar? Mon père nous (14) <u>a conduits</u> à La Ronde. (15) <u>J'ai couru</u> voir la voyante!

Elle (16) <u>m'a dit</u> de bonnes choses. Mes parents (17) <u>ne l'ont pas crue</u>. Après, nous (18) <u>avons vu</u> la galerie des miroirs déformants. Là, nous (19) <u>avons rigolé</u> comme des fous. Puis, nous (20) <u>avons fait</u> des tours de manège. (21) <u>J'ai eu peur</u> sur les montagnes russes, alors (22) <u>j'ai offert</u> mes tickets à mon frère. Il (23) <u>ne les a pas voulus</u>! Nous les (24) <u>avons vendus</u> à un petit garçon. Ensuite, mon père nous (25) <u>a invités</u> au restaurant pour le dîner. Nous (26) <u>avons mangé</u> de la pizza et nous (27) <u>avons bu</u> de l'eau minérale canadienne. Et toi, (28) <u>as-tu souvent déjeuné</u> dans un restaurant sénégalais? Bon. (29) <u>J'ai rempli</u> ma page, alors (30) <u>j'ai fini</u> ma lettre.

À bientôt.

Ta copine Nathalie

_____

_____

_____

_____

_____

_____

_____

_____

---

**20** | Dites ce que *(what)* vos amis et vous avez fait ce weekend. Complétez les phrases avec le **passé composé** du verbe indiqué.

**Modèle:** Jérôme et moi, nous (voir) _____*avons vu*_____ un match de foot.

1. Ma sœur (conduire) _____a conduit_____ une voiture de sport.

2. J'(écrire) _____ai écrit_____ un exposé.

3. Muriel et toi, vous (regarder) _____avez regardé_____ la télé.

4. Tu (faire) _____as fait_____ de la planche à roulettes.

5. Pascal et André (manger) _____ont mangé_____ des sandwichs.

6. Thomas (choisir) _____a choisi_____ un livre.

7. Toi, tu (recevoir) _____as reçu_____ une lettre.

8. Les filles (attendre) _____ont attendu_____ le bus.

C'EST À TOI!
Level Three

9. J'(lire) _____ai lu_____ un magazine.

10. Isabelle et Damien (écouter) _____ont écouté_____ des CDs.

11. Hervé et moi, nous (prendre) _____avons pris_____ le métro.

12. Philippe (remplir) _____a rempli_____ une fiche d'inscription.

**21** | Vous passez le weekend à Québec avec des amis. Dimanche matin, vous envoyez un fax à votre copine française, Julie Lambert. Mettez les verbes indiqués au **passé composé** pour compléter votre fax.

# FAX

À  _Julie Lambert_                    De: _____

Tél./Fax:  _03.37.55.55_          Tél./Fax: _____

Date: _____

Urgent ○   Confidentiel ○   R.S.V.P. ○   À titre d'information ○

*Ma copine Marianne _____est arrivée_____ à Québec en bus vendredi soir. Mes*
                                    *1. arriver*

*frères et moi, nous _____sommes venus_____ en avion. Marianne, mes frères et*
                        *2. venir*

*moi, nous _____sommes restés_____ à l'hôtel Lafontaine. C'est un hôtel vraiment*
                    *3. rester*

*super! Vendredi soir, je _____suis parti(e)_____ rendre visite à mon ami, Pierre*
                            *4. partir*

*Dujardin. Il habite dans le Vieux-Québec. Je l'adore!*

*Hier matin à l'hôtel, Marianne, mes frères et moi, nous _____sommes descendus_____ à*
                                                    *5. descendre*

*huit heures pour prendre le petit déjeuner. Puis nous _____sommes partis_____*
                                                    *6. partir*

---

# FAX

*visiter le château Frontenac et la Citadelle. L'après-midi, mon copain Pierre*

_____est venu_____ *avec nous. Il* _____est devenu_____ *notre*
      7. venir                                    8. devenir

*guide! Dans le Vieux-Québec, Marianne* _____est entrée_____ *dans tous les*
                                            9. entrer

*magasins! Le soir, mes frères* _____sont sortis_____ *avec Pierre. Ils*
                                    10. sortir

_____sont revenus_____ *très tard à l'hôtel. Moi, je* _____suis sorti(e)_____
      11. revenir                                              12. sortir

*avec Marianne, mais je* _____suis rentré(e)_____ *avant elle. Marianne*
                              13. rentrer

_____est montée_____ *se coucher à onze heures. Voilà! À bientôt! Bises.*
      14. monter

---

**22** | Complétez les phrases pour dire ce que les personnes suivantes ont fait dimanche dernier à Montréal. (Attention: utilisez le verbe **avoir** ou **être** au **passé composé**.)

**Modèles:** Nous (visiter) _____*avons visité*_____ un parc d'attractions.

Nous (venir) _____*sommes venus*_____ au parc d'attractions.

1. J' (faire) _____ai fait_____ un tour de grande roue.

2. Claire et Aïcha (aller) _____sont allées_____ voir une voyante.

3. Ton frère et toi, vous (essayer) _____avez essayé_____ des jeux d'adresse.

4. Dimitri (acheter) _____a acheté_____ deux tickets.

5. Nous (rigoler) _____avons rigolé_____ comme des fous.

6. Les filles (entrer) _____sont entrées_____ dans la galerie des miroirs déformants.

7. André et moi, nous (devenir) _____sommes devenus_____ malades.

8. Tu (faire) _____as fait_____ un tour de manège.

9. Vous (choisir) _____avez choisi_____ les autos tamponneuses.

10. Le soir, Dimitri et moi, nous (faire) _____ avons fait _____ du ski de fond.

11. Les filles (partir) _____ sont parties _____ à 7h15.

12. Elles (manger) _____ ont mangé _____ de la pizza.

13. Mes amis et moi, nous (rentrer) _____ sommes rentrés _____ en bus.

14. André (revenir) _____ est revenu _____ en voiture.

**23** Valérie et Paulette parlent de ce qu'on peut faire au Centre de commerce mondial à Montréal. Lisez la publicité, et puis complétez leur conversation.

ADMIRER, APPLAUDIR, APPRENDRE, TROUVER GOÛTER, MAGASINER, S'AMUSER, SAVOURER, SÉJOURNER, S'INFORMER, RENCONTRER, ET REVOIR.

**Venez découvrir le Centre de commerce mondial!**

Mode ◆ Restaurants ◆ Bars ◆ Cadeaux ◆ Expositions
Architecture ◆ Affaires ◆ Hôtel Inter-Continental Montréal

Prix d'excellence
Catégorie Bâtiment commercial
Ordre des architectes du Québec

Prix Orange
Catégorie Recyclage
Sauvons Montréal

747, square Victoria

**Modèles:**   tu / jouer au tennis?

     Valérie:   *Est-ce que tu y joues au tennis?*

     Paulette:   *Non, je n'y joue pas au tennis.*

     on / apprendre?

     Valérie:   *Est-ce qu'on y apprend?*

     Paulette:   *Oui, on y apprend.*

1. tu / acheter des cadeaux?

     Valérie:   Est-ce que tu y achètes des cadeaux?

     Paulette:   Oui, j'y achète des cadeaux.

2. on / nager?

     Valérie:   Est-ce qu'on y nage?

     Paulette:   Non, on n'y nage pas.

3. je / pouvoir manger au restaurant?

     Valérie:   Est-ce que je peux y manger au restaurant?

     Paulette:   Oui, tu peux y manger au restaurant.

4. tes amis et toi / faire de la planche à roulettes?

     Valérie:   Est-ce que tes amis et toi, vous y faites de la planche à roulettes?

     Paulette:   Non, nous n'y faisons pas de planche à roulettes.

5. tout le monde / s'amuser?

     Valérie:   Est-ce que tout le monde s'y amuse?

     Paulette:   Oui, tout le monde s'y amuse.

6. les gens / réserver des chambres d'hôtel?

Valérie: Est-ce que les gens y réservent des chambres d'hôtel?

Paulette: Oui, ils y réservent des chambres d'hôtel.

7. ton copain / essayer des jeux d'adresse?

Valérie: Est-ce que ton copain y essaie des jeux d'adresse?

Paulette: Non, il n'y essaie pas de jeux d'adresse.

8. on / donner des expositions?

Valérie: Est-ce qu'on y donne des expositions?

Paulette: Oui, on y donne des expositions.

9. ta sœur / s'entraîner?

Valérie: Est-ce que ta sœur s'y entraîne?

Paulette: Non, elle ne s'y entraîne pas.

**24** Vous êtes aux sports d'hiver avec des amis. Vous avez tous besoin de quelque chose. Écrivez ce que vous allez faire.

**Modèle:** J'ai besoin de trouver des bâtons pour skier.

*Je vais en trouver.*

1. Tu as besoin d'avoir des tickets pour les pistes.
   Tu vas en avoir.

2. Antoine et moi, nous avons besoin de suivre un cours de ski.
   Nous allons en suivre un.

3. Claire a besoin d'acheter un anorak.

   Elle va en acheter un.

4. Le professeur de ski a besoin de remplir des fiches d'inscription.

   Il va en remplir.

5. Tu as besoin de prendre des photos pour ta mère.

   Tu vas en prendre.

6. Diane et toi, vous avez besoin d'écrire des cartes postales.

   Vous allez en écrire.

7. Moi, j'ai besoin d'envoyer une lettre.

   Je vais en envoyer une.

8. Stéphanie et son cousin, Paul, ont besoin de boire beaucoup d'eau.

   Ils vont en boire beaucoup.

9. Vous avez besoin de choisir une luge.

   Vous allez en choisir une.

10. Claire et Diane ont besoin de prendre des leçons de planche à neige.

    Elles vont en prendre.

---

**25** Vous avez visité Montréal. Voici une liste d'activités. Dites si vous avez fait chaque activité ou pas (☑: vous l'avez faite; ☐: vous ne l'avez pas faite).

**Modèles:**　faxer l'adresse de l'hôtel à Pierre et à Jacques　　☑

　　　　　　envoyer une carte postale à Valérie　　☐

　　　*Je la leur ai faxée.*

　　　*Je ne lui en ai pas envoyé.*

1. donner tes tickets à ton amie, Lucie　　☐

2. trouver un anorak pour Christophe　　☑

3. donner ton adresse à tes nouveaux amis canadiens　　☑

4. acheter des cadeaux pour tes parents　　☐

5. faire des tours de manège à La Ronde　　☑

6. inviter ta correspondante à La Ronde　　☐

7. essayer des jeux d'adresse à La Ronde      ☑

8. inviter tes frères à Montréal      ☐

9. demander une photo à un célèbre athlète canadien      ☑

10. montrer tes photos à tes nouveaux amis      ☑

1. Je ne les lui ai pas donnés.

2. Je lui en ai trouvé un.

3. Je la leur ai donnée.

4. Je ne leur en ai pas acheté.

5. J'y en ai fait.

6. Je ne l'y ai pas invitée.

7. J'y en ai essayé.

8. Je ne les y ai pas invités.

9. Je lui en ai demandé une.

10. Je les leur ai montrées.

# Unité 2    *Les rapports humains*

**1** Dans la colonne de droite, écrivez les expressions qui complètent les phrases de la colonne de gauche. Quand vous avez fini, écrivez les lettres encadrées *(boxed)* pour savoir pourquoi on n'a pas besoin de passeport pour voyager entre la France et l'Italie.

1. Je dis au policier que j'ai perdu mon portefeuille. Il écoute, puis il me donne un _____.

    R E C E P I S S E

2. Avant de partir en voyage, tu mets tes vêtements dans ta _____.

    V A L I S E

3. André n'est pas bête. Il est _____.

    I N T E L L I G E N T

4. Le petit frère de Pierre a peur. Il est _____.

    E F F R A Y E

5. Cette statue moderne n'est pas belle. Elle est _____.

    L A I D E

6. Pour voyager dans un autre pays, j'ai besoin de mon _____.

    P A S S E P O R T

7. Les policiers travaillent au _____.

    C O M M I S S A R I A T

8. Marie est contente d'être en France. Sur ses photos, elle est _____.

    S O U R I A N T E

9. Ce problème de maths n'est pas facile. Il est _____.

    D I F F I C I L E

10. Ton amie est malade. Tu es _____.

    T R I S T E

11. Jean a beaucoup de problèmes. Il est triste et _____.

    D E P R I M E

12. Hervé fait de la musculation. Il est très _____.

F [O] R T

13. Mme Serin est très fatiguée. Elle est _____.

E P [U] I S E E

14. Quand on perd son passeport, on peut aller à l' _____.

[A] M B A S S A D E

15. Dikembe joue au basket. Il n'est pas petit. Il est _____.

G R A [N] D

16. Max n'a pas d'argent. Il n'est pas riche. Il est _____.

P A U V R [E]

On n'a pas besoin de passeport pour voyager entre la France et l'Italie parce qu' *il n'y a pas de douane* .

---

**2** | Pour reconstruire l'histoire de Suzanne, écrivez les phrases suivantes en ordre chronologique. Utilisez le diagramme à la page suivante. On a déjà fait la première phrase pour vous.

J'ai voulu acheter une crêpe, mais je n'ai pas trouvé mon portefeuille.

Mme Taylor est venue avec moi.

Le garçon m'a volée!

Je suis partie au commissariat faire une déclaration de vol.

Pendant que je regardais l'heure, un autre garçon fouillait dans mon sac à dos.

Après que je suis sortie du commissariat, je me suis mieux sentie.

J'étais dans le métro.

Maintenant, je vais faire attention quand je voyage.

L'agent a dit que je dois montrer le récépissé à l'aéroport.

J'ai dit que les garçons étaient plutôt petits et bien habillés.

Tout à coup un garçon m'a demandé l'heure.

L'agent de police m'a posé beaucoup de questions.

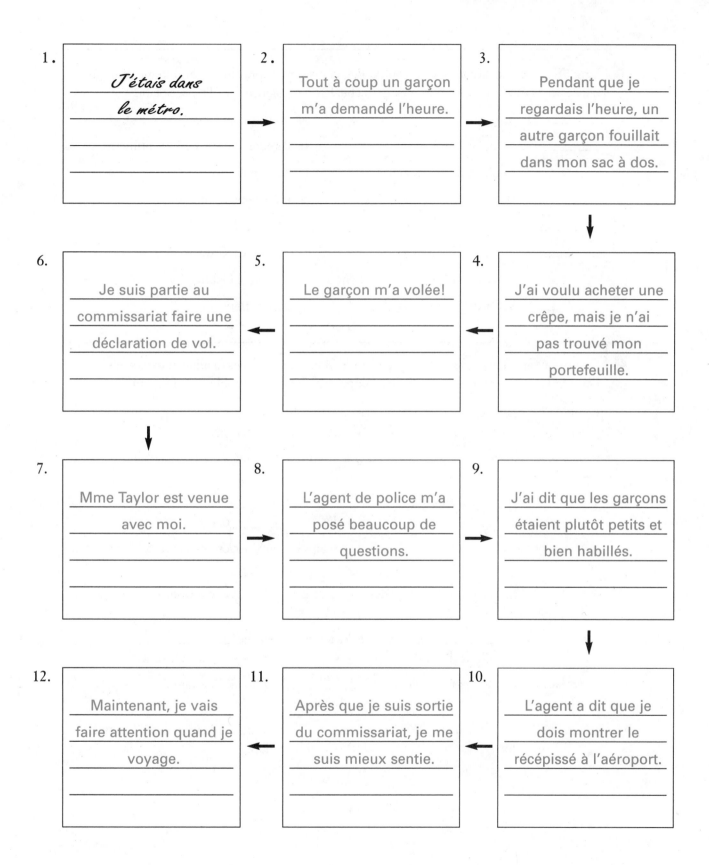

1. *J'étais dans le métro.*

2. Tout à coup un garçon m'a demandé l'heure.

3. Pendant que je regardais l'heure, un autre garçon fouillait dans mon sac à dos.

6. Je suis partie au commissariat faire une déclaration de vol.

5. Le garçon m'a volée!

4. J'ai voulu acheter une crêpe, mais je n'ai pas trouvé mon portefeuille.

7. Mme Taylor est venue avec moi.

8. L'agent de police m'a posé beaucoup de questions.

9. J'ai dit que les garçons étaient plutôt petits et bien habillés.

12. Maintenant, je vais faire attention quand je voyage.

11. Après que je suis sortie du commissariat, je me suis mieux sentie.

10. L'agent a dit que je dois montrer le récépissé à l'aéroport.

**3** Lisez l'**Enquête culturelle** de la **Leçon A.** Puis choisissez l'expression de la colonne de droite qui décrit l'expression de la colonne de gauche. Écrivez sa lettre dans l'espace blanc.

| | | |
|---|---|---|
| d | 1. le passeport | a. la correspondance |
| b | 2. le chèque de voyage | b. l'argent que les touristes utilisent |
| g | 3. l'ambassade américaine à Paris | c. au commissariat |
| c | 4. la déclaration de vol | d. un document important |
| e | 5. la carte de l'hôtel | e. l'adresse de l'hôtel |
| h | 6. le métro de Paris | f. un mois de voyages |
| a | 7. où vous pouvez changer de ligne | g. 2, avenue Gabriel |
| f | 8. la Carte Orange | h. 319 stations |

**4** Claire était au Cinéma Rex à Paris. Pendant le film, deux hommes fouillaient dans son sac à dos. Mettez les verbes indiqués à l'**imparfait** pour expliquer son problème à un agent de police.

Claire _____ était _____ au cinéma avec ses amis. Ils _____ regardaient _____ le film *Vol à*
        1. être                                                    2. regarder

*l'Ambassade*. Elle ne _____ faisait _____ pas attention à son sac à dos parce qu'elle
                    3. faire

_____ écoutait _____ le héros qui _____ parlait _____. Il _____ posait _____
        4. écouter                      5. parler                    6. poser

des questions à un agent de police! Pendant ce temps les deux personnes à côté de Claire

_____ fouillaient _____ dans son sac à dos et _____ mangeaient _____ ses chocolats! À la fin du
        7. fouiller                                    8. manger

film, ses amis _____ rigolaient _____ comme des fous parce qu'elle _____ cherchait _____ ses
                9. rigoler                                            10. chercher

chocolats. De plus, son portefeuille n'_____ était _____ plus là! Plus tard ils
                                11. être

_____ attendaient _____ le métro. Les deux mecs _____ prenaient _____ le train aussi! Les amis
        12. attendre                              13. prendre

_____voulaient_____ leur parler, mais ils _____avaient_____ l'air effrayé. Lucas, l'ami de
       14. vouloir                  15. avoir

Claire, _____était_____ très fâché. Claire _____se sentait_____ déprimée. Véronique et
           16. être                 17. se sentir

Claire _____pensaient_____ qu'elles _____devaient_____ rentrer tout de suite. Mais Lucas
         18. penser             19. devoir

_____préférait_____ aller à la police. Alors les voilà au commissariat!
       20. préférer

---

**5** | Le journal de l'école prépare une édition spéciale pour le 40ᵉ anniversaire de votre lycée. Jacques pose des questions à M. Renoir, qui était le censeur il y a 40 ans. Écrivez ce qu'ils disent.

**Modèle:** vous / aller au lycée tous les jours? (oui: aimer mon travail)

     Jacques:    *Est-ce que vous alliez au lycée tous les jours?*

    M. Renoir:    *Oui, j'y allais tous les jours parce que j'aimais*

                *mon travail.*

1. le lycée / avoir l'air accueillant? (oui: être moderne)

     Jacques:    Est-ce que le lycée avait l'air accueillant?

    M. Renoir:    Oui, il avait l'air accueillant parce qu'il était moderne.

2. le directeur et vous / se sentir bien au lycée? (oui: travailler bien ensemble)

     Jacques:    Est-ce que le directeur et vous vous sentiez bien au lycée?

    M. Renoir:    Oui, nous nous y sentions bien parce que nous travaillions

                bien ensemble.

3. les élèves / étudier l'informatique? (non: ne pas connaître cette science)

     Jacques:    Est-ce que les élèves étudiaient l'informatique?

    M. Renoir:    Non, ils ne l'étudiaient pas parce qu'ils ne connaissaient

                pas cette science.

4. vous / comprendre les problèmes des élèves? (oui: passer du temps avec eux)

Jacques: Est-ce que vous compreniez les problèmes des élèves?

M. Renoir: Oui, je les comprenais parce que je passais du temps

avec eux.

5. vous / réussir à être rassurant? (oui: savoir parler aux élèves)

Jacques: Est-ce que vous réussissiez à être rassurant?

M. Renoir: Oui, je réussissais à être rassurant parce que je savais

parler aux élèves.

6. les lycéens / écrire un journal? (non: ne pas avoir d'ordinateur)

Jacques: Est-ce que les lycéens écrivaient un journal?

M. Renoir: Non, ils n'en écrivaient pas parce qu'ils n'avaient

pas d'ordinateur.

7. les élèves / fouiller dans les sacs à dos? (non: ne pas vouloir voler)

Jacques: Est-ce que les élèves fouillaient dans les sacs à dos?

M. Renoir: Non, ils ne fouillaient pas dans les sacs à dos parce qu'ils ne

voulaient pas voler.

8. vous / finir tard votre journée? (non: ne pas avoir besoin de travailler après 6h00)

Jacques: Est-ce que vous finissiez tard votre journée?

M. Renoir: Non, je ne la finissais pas tard parce que je n'avais pas

besoin de travailler après 6h00.

**6** Écrivez quand on fait ou quand on ne fait pas les choses suivantes en utilisant les expressions données entre parenthèses. Suivez le modèle.

**Modèle:** Quand peut-on parler? (attendre le bus? écouter un concert? marcher?)

*On peut parler en attendant le bus et en marchant, mais pas en écoutant un concert.*

1. Quand doit-on faire attention? (conduire? dormir? écrire?)

   On doit faire attention en conduisant et en écrivant, mais pas en dormant.

2. Quand doit-on arrêter de parler? (téléphoner? boire? lire?)

   On doit arrêter de parler en buvant et en lisant, mais pas en téléphonant.

3. Quand fait-on du sport? (courir? jouer au tennis? regarder la télé?)

   On fait du sport en courant et en jouant au tennis, mais pas en regardant la télé.

4. Quand s'amuse-t-on? (perdre son portefeuille? rigoler? monter dans les autos tamponneuses?)

   On s'amuse en rigolant et en montant dans les autos tamponneuses, mais pas en perdant son portefeuille.

5. Quand faut-il montrer son passeport? (passer à la douane? entrer dans l'ambassade? aller au cinéma?)

   Il faut montrer son passeport en passant à la douane et en entrant dans l'ambassade, mais pas en allant au cinéma.

6. Quand se sent-on heureux? (recevoir un cadeau? être malade? avoir de la chance?)

   On se sent heureux en recevant un cadeau et en ayant de la chance, mais pas en étant malade.

7. Quand a-t-on plutôt peur? (danser? prendre l'avion? voir un chien méchant?)

   On a plutôt peur en prenant l'avion et en voyant un chien méchant, mais pas en dansant.

8. Quand donne-t-on de l'argent? (faire du shopping? tondre la pelouse? acheter des billets?)

*On donne de l'argent en faisant du shopping et en achetant des billets,*

*mais pas en tondant la pelouse.*

**7** Utilisez l'une des descriptions de films qui suivent pour écrire son histoire. Suivez le plan narratif dans la section **Sur la bonne piste.** Donnez l'histoire du film ou, si vous préférez, inventez l'histoire.

---

★★ **ANASTASIA, de Don Bluth et Gary Oldman, avec les voix de Meg Ryan, John Cusack, Christopher Lloyd, Angela Lansbury.**

En 1917, le tsar et sa famille sont chassés de Saint-Pétersbourg par la Révolution. Plus tard, une jeune orpheline (Anya) rencontre un jeune homme (Dimitri). Pas très honnête, Dimitri persuade Anya de prétendre qu'elle est la princesse Anastasia, disparue depuis plusieurs années. Ils partent pour Paris pour réclamer l'héritage et découvrent que la jeune orpheline est en réalité la vraie Anastasia. Ce dessin animé présente des scènes purement magiques (comme celle où les fantômes du passé apparaissent dans l'ancien palais). Il y manque peut-être un peu d'innovation du côté technique, mais le plus grand problème est celui de l'histoire. Avoir changé la réalité historique n'était peut-être pas une bonne idée. Attendez-vous à avoir à donner des explications aux enfants!

---

★★★ **TITANIC, de James Cameron, avec Leonardo DiCaprio, Kate Winslet, Billy Zane, Bill Paxton, Kathy Bates, Frances Fisher, Gloria Stuart.**

Une grande histoire d'amour et une grande catastrophe. James Cameron nous transporte au début du siècle, où la riche et triste Rose s'embarque à bord du Titanic. Elle y rencontre le peintre Jack dont elle tombe amoureuse, malgré la colère de son riche fiancé. Jack est pauvre, mais passionné. Il redonne à Rose la joie de vivre. Un iceberg mettra brutalement fin à leur histoire. C'est un film où on pleure, on rêve, bref un film qui passionne. Un grand spectacle qui a coûté des millions de dollars. On aurait bien aimé un «happy ending». Mais on garde le souvenir de Rose et Jack volant à la proue du Titanic.

---

★ **STARSHIP TROOPERS, de Paul Verhoeven, avec Casper Van Dien, Dina Meyer.**

Un opéra spatialo-guerrier au XXIVᵉ siècle. Dans un pays où règne l'utopie fasciste - ordre et intégrité -, Johnny (Casper Van Dien) s'engage dans l'Infanterie pour donner son sang à la patrie. Sa copine est enrôlée comme apprentie pilote de vaisseau spatial. Sur une planète satellite, des araignées se déchaînent et menacent la Terre. Buenos-Aires vient d'être détruit. Johnny atomise ou napalmise les monstres qui crachent à la figure des humains du sang orange et vert. Les effets spéciaux des monstres sont signés par le spécialiste de *Jurassic Park*. Grand jeu vidéo avec acteurs insipides genre clones.

---

**A.** Choisissez le film que vous préférez. Puis remplissez la fiche pour décider quelle est l'histoire. Answers will vary.

• Le héros/l'héroïne de l'histoire, est-ce un homme? ☐ Une femme? ☐

Comment s'appelle-t-il/elle? _____ Quel est son âge? _____
Sa nationalité? _____

Donnez trois adjectifs pour le/la décrire: _____, _____ et
_____.

• Où se passe l'histoire? _____

_____

• Quel est le problème? _____

_____

• Que fait le héros/l'héroïne? _____

_____

• Quel autre problème y a-t-il? _____

_____

• Qui aide le héros/l'héroïne? _____

_____

• Comment le héros/l'héroïne résoud-il/elle le problème? _____

_____

• Comment finit l'histoire? _____

_____

**B.** Maintenant écrivez l'histoire. Vous pouvez faire parler votre héros/héroïne, et vous pouvez décrire ce qu'il/elle fait et voit.

Answers will vary.

_____

_____

_____

_____

_____

_____

_____

_____

_____

_____

_____

_____

_____

_____

_____

**8** | Yamina Boussouf est au travail. Que fait-elle? Choisissez les mots *(words)* les plus logiques de la liste et écrivez leurs formes appropriées dans les phrases suivantes.

| | | | |
|---|---|---|---|
| bureaux | employée | s'approcher | se taire |
| chef | passeport | se fâcher | souriant |
| effrayée | récépissé | se reposer | |

Yamina Boussouf travaille dans les (1) _____ bureaux _____ de l'ambassade des États-Unis à Paris. Elle travaille bien et elle est toujours à l'heure. C'est une bonne

(2) _____ employée _____. Elle travaille pour M. Dupont et elle aide les voyageurs

qui ont des problèmes. M. Dupont est son (3) _____ chef _____.

Aujourd'hui, Yamina parle avec un Américain qui visite Paris. Il n'est pas content parce qu'il a

perdu son (4) _____ passeport _____ et le (5) _____ récépissé _____ qu'on lui a

donné au commissariat. Il veut un nouveau passeport tout de suite. Yamina lui dit: "Vous devez

attendre. Je dois faire des recherches." Il n'est pas content, il (6) _____ se fâche _____.

Il veut regarder les documents qui sont sur le bureau de Yamina. Alors il

(7) _____ s'approche _____ d'elle. Elle est un peu (8) _____ effrayée _____. Elle a

un peu peur de lui parce qu'il est très exigeant. Elle lui demande quelque chose, mais il ne

répond pas. Il (9) _____ se tait _____. Enfin, Yamina téléphone à M. Dupont. Quand il

voit M. Dupont, le voyageur a l'air content. Il devient (10) _____ souriant _____. Ils sont

amis! Yamina est contente. Elle dit au voyageur qu'il va bientôt avoir un nouveau passeport.

Maintenant, il n'y a plus de visiteurs à l'ambassade. Yamina peut

(11) _____ se reposer _____ un peu!

**9** Choisissez la réponse correcte selon la lettre de Suzanne dans la **Leçon B.**

1. Au téléphone Suzanne a raconté à ses grands-parents... de l'histoire.

   a. la fin            (b.) le début            c. le nom

2. Un car est... qui emmène les touristes visiter la ville.

   a. une voiture       b. un avion            (c.) un autobus

3. Suzanne et ses amis... endroits qu'ils ont aimés.

   (a.) se rappellent les   b. se méfient des       c. s'attendent aux

4. D'après Suzanne, aucun des amis....

   (a.) ne veut rentrer     b. ne va à l'aéroport    c. n'a aimé Paris

5. Suzanne se méfie....

   a. de Mme Taylor     b. de l'employé de l'aéroport  (c.) du chef de l'employé

6. On lui demande... de sa mère.

   a. l'âge            (b.) le nom de jeune fille   c. le passeport

7. Suzanne ne peut pas payer parce qu'elle n'a....

   a. pas de bagages    b. pas de problèmes     (c.) ni argent français ni argent américain

8. Mme Taylor explique l'histoire....

   (a.) à la police française  b. aux autres       c. aux grands-parents de Suzanne

9. Suzanne passe à la porte d'embarquement pour....

   a. prendre le car    (b.) monter dans l'avion   c. téléphoner à ses grands-parents

10. Suzanne montre... à l'immigration aux États-Unis.

    a. son passeport    b. l'endroit           (c.) le récépissé

11. Suzanne... que son passeport était important.

    a. savait          (b.) ne savait pas      c. expliquait

12. Ellen va devenir la camarade de chambre de Suzanne parce que les deux filles... bien.

    (a.) s'entendent    b. s'amusent           c. se rappellent

**10** Répondez **oui** ou **non** d'après l'**Enquête culturelle** de la **Leçon B**. Mettez un √ dans la case appropriée.

|  | oui | non |
|---|---|---|
| 1. Est-ce qu'il est bien de garder son passeport dans sa valise? | ☐ | ☑ |
| 2. Est-ce qu'un douanier travaille au commissariat? | ☐ | ☑ |
| 3. Est-ce que tous les aéroports ont des contrôles de sécurité? | ☑ | ☐ |
| 4. Est-ce que les valises peuvent être fouillées au contrôle de sécurité? | ☑ | ☐ |
| 5. Est-ce que le contrôle de sécurité est dangereux pour les films? | ☐ | ☑ |
| 6. Est-ce que beaucoup de pays européens participent à l'Union européenne? | ☑ | ☐ |
| 7. Est-ce que les Européens ont des problèmes à la douane quand ils voyagent en Europe? | ☐ | ☑ |
| 8. Est-ce que la police peut vérifier le passeport d'une personne? | ☑ | ☐ |
| 9. Est-ce qu'il y a un commissariat dans chaque ville française? | ☑ | ☐ |
| 10. Est-ce que Maigret est un vrai agent de police? | ☐ | ☑ |
| 11. Est-ce que Maigret est un héros de livres écrits par un Français? | ☐ | ☑ |
| 12. Est-ce que les histoires de Simenon existent en d'autres langues? | ☑ | ☐ |

**11** Vous voyagez en avion et vous regardez les passagers. Complétez chaque phrase en utilisant la forme convenable (*appropriate*) d'un verbe de la liste suivante.

| | | | |
|---|---|---|---|
| s'approcher | s'inquiéter | se méfier | se réveiller |
| s'asseoir | se fâcher | se rappeler | se sentir |
| s'attendre | se lever | se reposer | se taire |
| s'entendre | | | |

**Modèle:** Mme Durant _____*se lève*_____ de son siège.

1. Moi, je dors mais je _____*me réveille*_____ avant l'arrivée.

2. Toi, tu _____*te reposes*_____ pendant le voyage parce que tu es fatigué.

3. Claire et moi, nous _____*nous inquiétons*_____ parce que nous allons être en retard pour changer d'avion.

4. Les enfants _____se taisent_____ pendant le film parce qu'ils l'écoutent.

5. Tu _____te sens_____ un peu malade.

6. Vous _____vous rappelez_____ votre voyage de l'année dernière.

7. M. Kader _____s'attend_____ à voir sa fille à l'aéroport.

8. Vous _____vous entendez_____ bien avec le passager assis à côté de vous.

9. Mme Carnot _____s'approche_____ du vieux monsieur pour lui parler.

10. Je _____me fâche_____ avec mon copain parce qu'il fait trop de bruit.

11. Nous _____nous méfions_____ de la nourriture parce qu'elle n'est pas fraîche.

12. Les Anglaises _____s'asseyent_____ près de la fenêtre.

---

**12** │ Votre amie Vanessa a passé des vacances à Québec chez son correspondant Bernard. Qu'est-ce qui s'est passé? Utilisez les verbes entre parenthèses pour compléter les phrases de Vanessa d'après le modèle.

**Modèle:** (se lever) Je _____*me suis levée*_____ tôt chaque matin.

1. (se déguiser) Bernard et moi, nous _____nous sommes déguisés_____ pour aller au Carnaval de Québec.

2. (s'amuser bien) Je _____me suis bien amusée_____ au Carnaval.

3. (s'inquiéter) La mère de Bernard _____s'est inquiétée_____ pour moi.

4. (se fâcher) Son père _____s'est fâché_____ parce que nous sommes rentrés tard.

5. (se coucher) Les sœurs de Bernard _____se sont couchées_____ très tard tous les soirs.

6. (se méfier) À la montagne, Sébastien _____s'est méfié_____ du chien.

7. (se rappeler) Éric et toi, vous _____vous êtes rappelé_____ mon anniversaire.

8. (se dépêcher) Tu _____t'es dépêché(e)_____ de venir me chercher à l'aéroport à mon retour.

**13** Regardez bien cette scène à l'aéroport, puis répondez à chaque question en utilisant l'expression négative **ne... pas, ne... plus, ne... jamais, ne... rien** ou **ne... personne.**

**Modèle:** Est-ce qu'il y a une douane?

*Non, il n'y a pas de douane.*

1. Est-ce qu'il y a quelqu'un à la pâtisserie?

   Non, il n'y a personne à la pâtisserie.

2. Est-ce qu'il y a encore des gâteaux à la pâtisserie?

   Non, il n'y a plus de gâteaux à la pâtisserie.

3. Est-ce que la pâtisserie est souvent ouverte le dimanche?

   Non, elle n'est jamais ouverte le dimanche.

4. Est-ce que la jeune femme se fâche?

   Non, elle ne se fâche pas.

5. Est-ce que le chien mange quelque chose?

   Non, il ne mange rien.

6. Est-ce qu'il y a souvent des vols après minuit?

   Non, il n'y a jamais de vols après minuit.

7. Qui travaille au guichet quand la jeune femme est là avec son chien?

   Personne ne travaille au guichet quand la jeune femme est là avec

   son chien.

8. Que fait l'employé?

   Il ne fait rien.

9. Est-ce que l'employé a encore des cheveux?

   Non, il n'a plus de cheveux.

10. Qui a l'air épuisé?

    Personne n'a l'air épuisé.

---

**14** Thomas voyage avec son père à Paris. À l'aéroport ils passent à la douane ensemble. Écrivez ce qui *(what)* se passe en utilisant l'expression **ne... ni... ni, ne... aucun** ou **ne... que.**

**Modèles:**  Thomas ne montre pas ses photos et ne montre pas son portefeuille au douanier.

*Thomas ne montre ni ses photos ni son portefeuille au douanier.*

Le douanier ne pose pas de questions.

*Le douanier ne pose aucune question.*

1. Thomas ne se rappelle pas le nom de jeune fille de sa mère et ne se rappelle pas son numéro de vol.

   Thomas ne se rappelle ni le nom de jeune fille de sa mère ni son

   numéro de vol.

2. Son père ne remplit pas de fiches.

   Son père ne remplit aucune fiche.

3. Le douanier ne fouille pas dans les valises.

   Le douanier ne fouille dans aucune valise.

4. Thomas a seulement une chose à déclarer.

   Thomas n'a qu'une chose à déclarer.

5. Thomas donne seulement le récépissé de l'ambassade à l'employé.

   Thomas ne donne que le récépissé de l'ambassade à l'employé.

6. Son père n'est pas déprimé et n'est pas épuisé.

   Son père n'est ni déprimé ni épuisé.

7. Thomas a seulement de l'argent américain.

   Thomas n'a que de l'argent américain.

8. Son père n'a pas d'argent français.

   Son père n'a aucun argent français.

9. Thomas n'a pas de monnaie.

   Thomas n'a aucune monnaie.

10. L'aéroport n'a pas de banque et n'a pas de guichet automatique.

    L'aéroport n'a ni banque ni guichet automatique.

---

**15** Vous visitez Paris où vous prenez le métro. Dites qui ne fait pas les choses suivantes. Utilisez l'expression **ni... ni... ne** ou **aucun(e)... ne** dans chaque réponse.

**Modèles:**  ma sœur et moi / dormir dans le métro

   *Ni ma sœur ni moi ne dormons dans le métro.*

   un passager / danser dans le métro

   *Aucun passager ne danse dans le métro.*

1. mon frère et moi / se dépêcher

   Ni mon frère ni moi ne nous dépêchons.

2. une copine / faire de la planche à roulettes

   Aucune copine ne fait de la planche à roulettes.

3. un employé / se fâcher

   Aucun employé ne se fâche.

4. mon copain et moi / regarder le plan de Paris

   Ni mon copain ni moi ne regardons le plan de Paris.

5. une amie / acheter un ticket

   Aucune amie n'achète de ticket.

6. mon père et ma mère / manger un sandwich

   Ni mon père ni ma mère ne mange de sandwich.

7. un membre de ma famille / s'asseoir

   Aucun membre de ma famille ne s'assied.

8. ma sœur et ma cousine / se maquiller

   Ni ma sœur ni ma cousine ne se maquille.

9. un copain / lire le journal

   Aucun copain ne lit le journal.

10. mon frère et moi / rigoler comme des fous

   Ni mon frère ni moi ne rigolons comme des fous.

# Unité 3

*Les arts*

**1** Certains élèves parisiens étudient les arts à l'école. Complétez leurs dialogues avec les expressions dans la liste suivante.

| | | |
|---|---|---|
| assistant | nature morte | rôles |
| atelier | paysage | scénarios |
| collection | peindre | sculpteur |
| metteurs en scène | peintre | vedette |

1.

Je veux être célèbre. Je veux jouer des _____ rôles _____ intéressants, comme Roméo ou Hamlet.

Moi aussi, je vais être une _____ vedette _____. Tous les _____ metteurs en scène _____ importants d'Hollywood vont me téléphoner pour m'offrir du travail!

Et toi, Gérard, qu'est-ce que tu vas faire? Des films ou du théâtre?

Moi, je ne veux pas devenir acteur. Je vais être écrivain. Alors je vais écrire des _____ scénarios _____ de films!

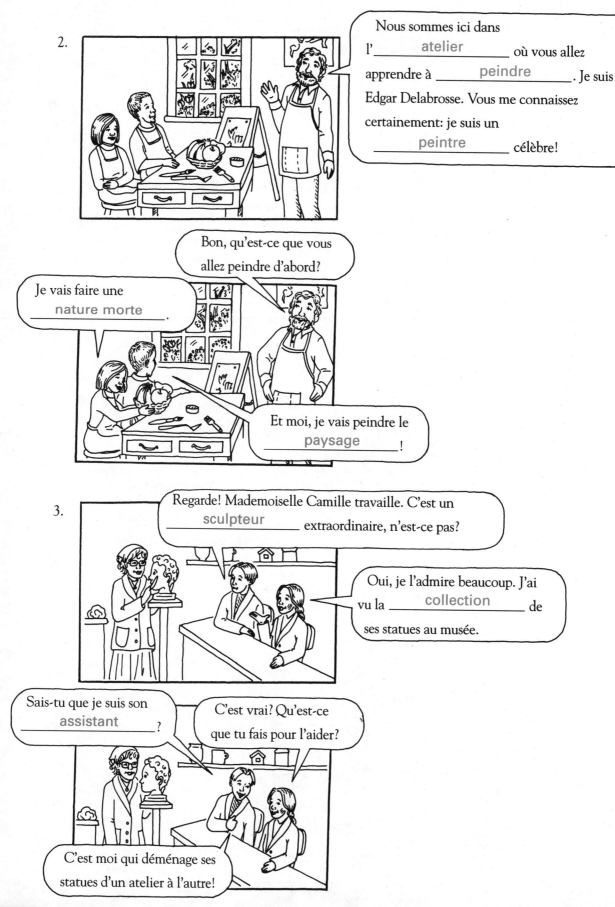

**2** Écrivez les informations demandées d'après les descriptions des artistes francophones dans la **Leçon A.** Answers will vary.

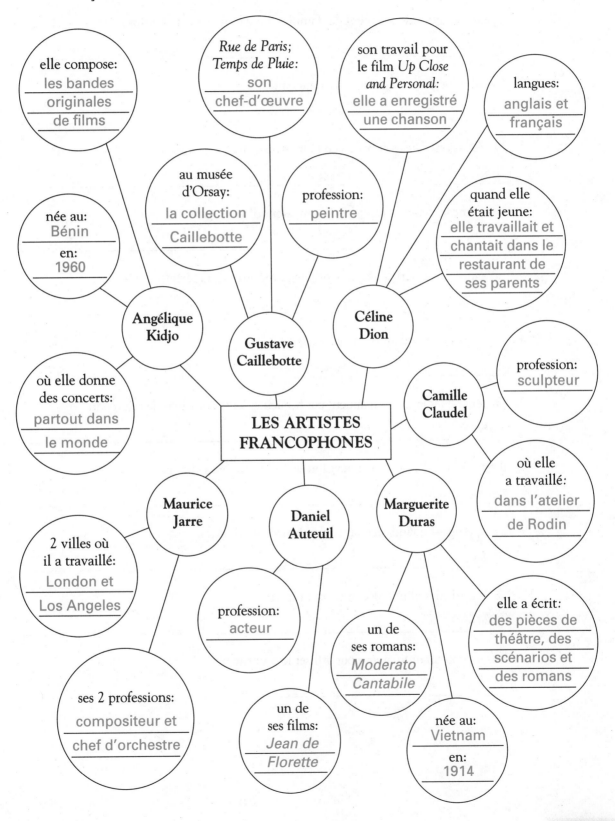

elle compose:
les bandes originales de films

*Rue de Paris; Temps de Pluie:*
son chef-d'œuvre

son travail pour le film *Up Close and Personal:*
elle a enregistré une chanson

langues:
anglais et français

au musée d'Orsay:
la collection Caillebotte

profession:
peintre

quand elle était jeune:
elle travaillait et chantait dans le restaurant de ses parents

née au:
Bénin
en:
1960

**Angélique Kidjo**

**Gustave Caillebotte**

**Céline Dion**

où elle donne des concerts:
partout dans le monde

profession:
sculpteur

**Camille Claudel**

**LES ARTISTES FRANCOPHONES**

où elle a travaillé:
dans l'atelier de Rodin

**Maurice Jarre**

**Daniel Auteuil**

**Marguerite Duras**

2 villes où il a travaillé:
London et Los Angeles

profession:
acteur

un de ses romans:
*Moderato Cantabile*

elle a écrit:
des pièces de théâtre, des scénarios et des romans

ses 2 professions:
compositeur et chef d'orchestre

un de ses films:
*Jean de Florette*

née au:
Vietnam
en:
1914

Workbook    ©EMC

**3** Indiquez si chaque phrase est vraie ou fausse d'après l'**Enquête culturelle** de la **Leçon A.** Si la phrase est fausse, corrigez-la (*correct it*).

1. Quatre-vingt-onze pour cent des familles françaises ont la télévision.

   Fausse. Quatre-vingt-quinze pour cent ont la télévision.

2. Canal + est gratuit à la télévision française.

   Fausse. On doit payer pour la chaîne Canal +.

3. Les émissions suisses et belges en France ne sont pas en français.

   Fausse. Elles sont en français.

4. Les Français peuvent regarder des émissions d'autres pays.

   Vraie.

5. Les émissions américaines ne sont jamais montrées à la télévision française.

   Fausse. Elles sont montrées à la télévision française.

6. Les Français regardent beaucoup de sport à la télévision.

   Fausse. Ils regardent peu de sport.

7. En général les Français n'aiment pas beaucoup leurs émissions de télévision.

   Vraie.

8. Il est possible d'allumer la télévision sans se lever de sa chaise.

   Vraie.

9. Le zapping est quand on change rapidement de chaînes.

   Vraie.

10. On regarde des films vidéo avec un magnétoscope.

    Vraie.

11. Il faut avoir un ordinateur pour utiliser les multimédia.

    Vraie.

**4** Thibault explique ce qui s'est passé pendant son séjour à Paris quand il était jeune. Complétez ses phrases en mettant les verbes donnés entre parenthèses à l'**imparfait** ou au **passé composé** selon le cas. Suivez le modèle.

Modèle: (être / aller) Quand j'_____ *étais* _____ jeune, je _____ *suis allé* _____ en France avec ma famille.

1. (visiter / aimer) Pendant notre séjour, nous _____ avons visité _____ des musées parce que j'_____ aimais _____ beaucoup l'art.

2. (admirer / faire) Un jour, pendant que j'_____ admirais _____ les collections du Louvre, j'_____ ai fait _____ la connaissance d'une jeune fille.

3. (étudier / décider) Elle _____ étudiait _____ avec un peintre célèbre et elle _____ a décidé _____ de m'inviter à voir leur atelier.

4. (arriver / préparer) Quand nous _____ sommes arrivés _____ à l'atelier, son professeur _____ préparait _____ une nature morte.

5. (montrer / travailler) Elle m'_____ a montré _____ ses paysages pendant qu'il _____ travaillait _____.

6. (regarder / être) J'_____ ai regardé _____ ses tableaux un moment. Ils _____ étaient _____ drôles.

7. (faire / ouvrir) Il _____ faisait _____ très chaud dans l'atelier, alors j'_____ ai ouvert _____ la fenêtre.

8. (fermer / avoir) Le peintre _____ a fermé _____ la fenêtre tout de suite parce qu'il y _____ avait _____ beaucoup de vent.

9. (se fâcher / trouver) Ensuite, le peintre et la jeune fille _____ se sont fâchés _____ parce que je _____ trouvais _____ leurs tableaux amusants.

10. (demander / peindre) Je leur _____ ai demandé _____ pourquoi ils _____ peignaient _____ des pommes bleues.

11. (dire / comprendre) Ils _____ ont dit _____ que je ne _____ comprenais _____ rien de l'art moderne.

12. (dire / être) J'_____ ai dit _____ que c'_____ était _____ vrai.

C'EST À TOI! Level Three

**5** Cédric Duport est un acteur martiniquais. Sur Internet, il explique comment il a commencé sa carrière. Mettez chaque verbe de sa lettre à l'**imparfait** ou au **passé composé** pour compléter son histoire.

---

**e-mail**

Bonjour!

Je _____**suis né**_____ à la Martinique. Quand j'_____**étais**_____ assez
  1. naître                                               2. être

jeune, il _____**s'est passé**_____ quelque chose. Un jour mon frère et moi,
  3. se passer

nous _____**avons décidé**_____ de faire une promenade sur la plage. Nous
  4. décider

_____**sommes partis**_____ très tôt le matin. Il _____**faisait**_____ chaud.
  5. partir                                       6. faire

Il y _____**avait**_____ beaucoup de soleil, donc j'_____**ai mis**_____
  7. avoir                                               8. mettre

mes lunettes de soleil. Quand nous _____**sommes arrivés**_____ sur la plage,
                                        9. arriver

j'_____**ai vu**_____ un homme. Il _____**s'est approché**_____ de nous.
  10. voir                               11. s'approcher

Il m'_____**a dit**_____ "Comme je suis content! Kit, tu
  12. dire

_____**es venu**_____!" J'_____**ai regardé**_____ mon frère. Il
  13. venir               14. regarder

_____**rigolait**_____ comme un fou. Puis j'_____**ai compris**_____ pourquoi.
  15. rigoler                               16. comprendre

L'homme _____**était**_____ un metteur en scène célèbre. Il
           17. être

_____**croyait**_____ que j'_____**étais**_____ l'acteur célèbre
  18. croire               19. être

Kit Kotton. Alors mon frère lui _____**a dit**_____ mon nom. L'homme
                                  20. dire

_____**a demandé**_____ pardon, puis il m'_____**a offert**_____ de jouer un
  21. demander                            22. offrir

rôle dans son film. Bien sûr, j'_____**ai accepté**_____ tout de suite.
                                 23. accepter

Mon frère, lui, ne _____**rigolait**_____ plus! C'est comme ça que
                     24. rigoler

je _____**suis devenu**_____ vedette. J'_____**avais**_____ dix-huit ans
     25. devenir                     26. avoir

et j'_____**allais**_____ à l'université. Ce jour d'été,
       27. aller

j'_____**ai eu**_____ de la chance!
   28. avoir

---

**6** Florence parle d'art avec des amis. Elle désire savoir ce qui leur plaît ou non. Donnez les réponses de ses amis en utilisant les suggestions données. Attention au temps (*tense*) du verbe!

**Modèles:** Est-ce que tu aimes cette statue? (oui)

*Oui, elle me plaît.*

Est-ce que Jean a aimé le film? (non)

*Non, il ne lui a pas plu.*

1. Est-ce que tu as aimé les natures mortes du musée? (non)
   Non, elles ne m'ont pas plu.

2. Est-ce que Nathalie et Françoise aiment les tableaux modernes? (non)
   Non, ils ne leur plaisent pas.

3. Anne, est-ce que Nadia et toi, vous avez aimé ces livres d'art? (oui)
   Oui, ils nous ont plu.

4. Louis, est-ce que tu aimes l'atelier de ton frère? (oui)
   Oui, il me plaît.

5. Est-ce que Rose aime les vases de Chine? (oui)
   Oui, ils lui plaisent.

6. Anne, est-ce que tu aimes ce paysage? (non)
   Non, il ne me plaît pas..

7. Est-ce que Sylvie aime ce metteur en scène? (oui)
   Oui, il lui plaît.

8. Est-ce qu'elles ont aimé la pièce? (non)
   Non, elle ne leur a pas plu.

9. Anne, est-ce que Louis et toi, vous aimez ce chef d'orchestre? (non)
   Non, il ne nous plaît pas.

10. Louis, est-ce que ton copain a aimé les CDs d'Angélique Kidjo? (oui)
    Oui, ils lui ont plu.

**7** | Écrivez ce que les personnes suivantes doivent faire en utilisant les suggestions données. Suivez les modèles.

**Modèles:**    Valérie veut écrire un livre. (choisir une histoire intéressante)

*Il faut qu'elle choisisse une histoire intéressante.*

Nous voulons devenir écrivains. (ne pas s'arrêter d'écrire)

*Il ne faut pas que vous vous arrêtiez d'écrire.*

1. Luc et moi, nous voulons avoir beaucoup de succès. (travailler dur)
   Il faut que vous travailliez dur.

2. Delphine veut jouer dans un orchestre. (ne pas se fâcher avec le chef d'orchestre)
   Il ne faut pas qu'elle se fâche avec le chef d'orchestre.

3. Théo et toi, vous voulez devenir acteurs de théâtre. (suivre des cours de théâtre)
   Il faut que nous suivions des cours de théâtre.

4. Damien et Henri veulent peindre des natures mortes. (ne pas arrêter leurs cours de dessin)
   Il ne faut pas qu'ils arrêtent leurs cours de dessin.

5. Moi, je veux devenir sculpteur. (étudier dans un atelier)
   Il faut que tu étudies dans un atelier.

6. Béatrice et toi, vous voulez devenir chanteuses. (enregistrer un CD)
   Il faut que nous enregistrions un CD.

7. Elles veulent collectionner des tableaux. (ne pas acheter de mauvais tableaux)
   Il ne faut pas qu'elles achètent de mauvais tableaux.

8. Catherine veut faire de la musique de ballet. (ne pas composer de musique rock)

   Il ne faut pas qu'elle compose de musique rock.

   _____

9. Édouard veut tout connaître sur les peintres célèbres. (visiter les musées)

   Il faut qu'il visite les musées.

10. Tu veux chanter à l'Opéra de Paris. (chanter bien)

    Il faut que je chante bien.

---

**8** | Il faut que vous et vos amis choisissiez une profession. Dites à tout le monde ce qu'il faut faire en utilisant une expression de la liste suivante.

| | |
|---|---|
| assister aux concerts | jouer des rôles intéressants |
| chanter en plusieurs langues | lire des pièces de théâtre |
| choisir des paysages | s'entraîner tous les jours |
| écouter beaucoup de musique de ballet | suivre des cours de théâtre |
| étudier le cinéma | travailler dans un atelier comme assistante |
| finir d'écrire son roman | |

**Modèle:** Isabelle veut devenir athlète.

_Il faut qu'elle s'entraîne tous les jours._

1. Je veux être metteur en scène.

   Il faut que tu étudies le cinéma.

   _____

2. Charlotte veut devenir sculpteur.

   Il faut qu'elle travaille dans un atelier comme assistante.

   _____

3. Philippe veut peindre des scènes de la nature.

   Il faut qu'il choisisse des paysages.

   _____

4. Toi, tu veux devenir vedette.

   Il faut que je joue des rôles intéressants.

   _____

5. Sandrine et Rita veulent devenir compositrices de musique de ballet.

   Il faut qu'elles écoutent beaucoup de musique de ballet.

   _____

6. Claire et toi, vous voulez apprendre des rôles pour le théâtre.

   Il faut que nous lisions des pièces de théâtre.

   _____

7. Denis veut donner des concerts partout dans le monde.

   Il faut qu'il chante en plusieurs langues.

   _____

8. Didier veut devenir écrivain.

   Il faut qu'il finisse d'écrire son roman.

   _____

9. Éric et moi, nous voulons devenir acteurs de théâtre.

   Il faut que vous suiviez des cours de théâtre.

   _____

10. David et Thomas veulent devenir chefs d'orchestre.

    Il faut qu'ils assistent aux concerts.

    _____

**9** | Lisez ce qui s'est passé au musée.

**La visite du musée**
- C'était le 18 mars.
- Pierre, Khader, Nadia et Madeleine sont allés au musée.
- Ils regardaient la collection de statues.
- Un des amis s'est approché d'une statue.
- C'était la statue d'une femme.
- Il y a eu un accident.
- Le sculpteur est arrivé.
- Le sculpteur était un artiste japonais.
- La statue a perdu un bras.
- Les amis rigolaient.
- Les amis sont partis avec lui dans son atelier.
- Ils l'ont aidé à mettre le bras sur la statue.
- Les amis sont devenus les assistants du sculpteur.

Maintenant écrivez l'histoire en expliquant chaque situation. Pour chaque événement (*event*), donnez des détails. Par exemple, dites quel jour c'était et quel temps il faisait. Décrivez les amis. Qu'est-ce qu'ils portaient? Pourquoi voulaient-ils aller au musée? Comment sont-ils allés au musée? Dites si le sculpteur était content quand la statue a perdu un bras. Utilisez le **passé composé** et l'**imparfait**.

Answers will vary.

_____

_____

_____

_____

_____

_____

_____

_____

_____

**10** Ces annonces *(advertisements)* se trouvent sur un kiosque à journaux parisien. Il faut que vous les lisiez avant de répondre aux questions. Some answers may vary.

*Il est essentiel que vous sachiez tout sur les spectacles?*

Pour une description complète des activités culturelles à Paris…

il vaut mieux que vous achetiez…

## LE GUIDE UNIVERSEL

*Magazine en vente dans tous les kiosques à journaux!*

## CINÉ-NOUVEAU

### POUR MIEUX AIMER LE CINÉMA!

Petit guide, petit prix, mais renseignements utiles! Par exemple…

Savez-vous qu'on tourne trois drames vécus en ce moment à Paris? Savez-vous qu'ils ont le même scénariste?

Il est indispensable que vous ayez aussi des renseignements pratiques? Pas de problème!

Nous donnons aussi les stations de métro où descendre… Il faut que vous nous lisiez!

### Vous avez besoin de billets?

Alors il est nécessaire que vous veniez au

## BUREAU DE LOCATION FRANCOFUN

Nous offrons des tarifs réduits aux étudiants. Nous avons tous les renseignements utiles valables pour la semaine:

- indice et durée des films et des spectacles
- prix des places
- genre du spectacle
- adresses des cinémas
- spectacles pour les jeunes
- films interdits aux moins de 18 ans

Vous comprenez pourquoi il est important que vous achetiez vos billets à **FRANCOFUN!**

*Nous nous trouvons à côté de la cathédrale de Notre-Dame dans le 4ᵉ arrondissement. (On nous reconnaît au billet énorme en bas de notre fenêtre!)*

1. Quel magazine devez-vous acheter si vous voulez tout savoir sur les spectacles?

   Je dois acheter *Le Guide Universel.*

2. Qu'offre *Le Guide Universel?*

   Il offre des descriptions complètes des activités culturelles à Paris.

3. Où peut-on acheter *Le Guide Universel?*

   On peut l'acheter dans tous les kiosques à journaux.

4. *Francofun*, qu'est-ce que c'est?

   C'est un bureau de location.

   _____

5. Si vous avez moins de 18 ans, quel problème pouvez-vous avoir avec quelques films?

   Quelques films sont interdits aux moins de 18 ans.

   _____

6. Dans quel quartier de Paris se trouve *Francofun?*

   *Francofun* se trouve dans le 4$^e$ arrondissement.

   _____

7. Quels sont trois exemples de renseignements donnés par *Francofun?*

   *Francofun* donne l'indice et la durée des films, le prix des places et

   les adresses des cinémas.

8. Comment est le prix des billets pour les étudiants à *Francofun?*

   Le prix des billets est réduit pour les étudiants.

   _____

9. *Ciné-nouveau*, qu'est-ce que c'est?

   *Ciné-nouveau* est un petit guide du cinéma.

   _____

10. Qu'est-ce qu'on tourne à Paris en ce moment?

    On y tourne trois drames vécus.

    _____

11. D'après *Ciné-nouveau*, qui a écrit ces films?

    Le même scénariste a écrit ces films.

    _____

12. Quel renseignement pratique est-ce qu'il y a dans *Ciné-nouveau?*

    *Ciné-nouveau* donne les stations de métro où il faut descendre.

    _____

**11** Complétez chaque phrase avec la bonne réponse, d'après les renseignements sur les distractions à Paris dans la **Leçon B**.

1. Dans les kiosques à journaux parisiens, on vend....

   a. des magazines          b. du papier          c. des photos

2. Dans les guides on trouve....

   a. des drames vécus       b. des rédactions      c. des renseignements utiles

3. L'indice d'un film est utile pour savoir....

   a. si le film          b. si le film          c. si le film est interdit aux
      est vieux              est drôle               très jeunes

4. Un exemple de genre de film est....

   a. un drame vécu          b. un scénariste       c. un prix

5. La durée d'un film est souvent de....

   a. sept heures et demie   b. deux heures         c. deux semaines

6. À Paris, il y a de grands quartiers ou....

   a. stations               b. kiosques            c. arrondissements

7. Un scénariste de film....

   a. tourne des films       b. écrit des films     c. reconnaît les bons acteurs

8. Un drame vécu est une histoire qui....

   a. s'est vraiment passée  b. est écrite par un scénariste   c. se trouve dans les guides

9. Si vous voulez aller voir un spectacle, il vaut mieux que vous....

   a. réserviez vos places   b. connaissiez le scénariste     c. vous trouviez à Paris

10. On peut acheter des billets pour un spectacle....

   a. à la gare              b. au kiosque          c. au bureau de location

11. Quand un bureau de location offre des tarifs réduits, il offre....

   a. des billets plus chers  b. des billets moins chers   c. des billets pour les jeunes

**12** | Choisissez l'expression à droite qui explique l'expression à gauche et écrivez sa lettre dans l'espace blanc.

_e_ 1. une activité culturelle qui n'est pas très populaire en France

_i_ 2. le ballet, le théâtre, le "Son et lumières"

_f_ 3. les complexes multisalles

_a_ 4. le nombre de spectateurs au cinéma par année maintenant

_h_ 5. le début du cinéma

_d_ 6. un genre de film pour les enfants

_b_ 7. l'activité culturelle la plus populaire en France

_c_ 8. *L'Officiel des Spectacles*

_g_ 9. on les montre beaucoup dans les cinémas français

a. 130 millions

b. aller au cinéma

c. un guide parisien

d. un dessin animé

e. aller à l'opéra

f. les cinémas modernes

g. les films américains

h. les frères Lumière

i. des spectacles

**13** | Lisez ces articles d'un guide parisien, puis répondez aux questions. Commencez vos réponses avec **c'est** ou **il/elle est.**

**Modèle:**

Il faut que vous assistiez à la nouvelle comédie *Aujourd'hui en France.* Cette pièce de théâtre est un grand succès. Il est indispensable que vous réserviez vos places!

*Aujourd'hui en France*, qu'est-ce que c'est? Quel genre de pièce est-ce? Qu'est-ce qu'il est nécessaire de faire pour avoir une place?

*C'est une pièce de théâtre. C'est une comédie. Il est nécessaire de réserver les places.*

*Aujourd'hui en France* est le chef-d'œuvre du metteur en scène Jules Martin. Né au Canada, M. Martin est maintenant très célèbre. Quand on voit son travail, on comprend pourquoi!

Le film *Attention, Danger* est un drame vécu d'origine française. Très violent, il est interdit aux moins de 18 ans. D'une durée de quatre heures, c'est un très long film.

Rémi Watteau est un écrivain. C'est lui qui a écrit le scénario d'*Un jeune amour*. Il est utile de lire le livre si on désire comprendre l'histoire de cette comédie.

*La rose et le soleil* est un très long roman. C'est Marianne Aimée, une jeune Française, qui l'a écrit.

Sample answers.

1. Qui est M. Martin? Quelle est sa nationalité? Comment est-il maintenant?

   C'est un metteur en scène.

   Il est canadien. Il est très célèbre.

2. Est-ce que le film est court ou long? Est-ce que c'est un film anglais? Pourquoi est-ce qu'un ado de 16 ans ne peut pas le voir? Quel genre de film est-ce?

   Il est long. Non, c'est un film

   français. Il est interdit aux moins

   de 18 ans. C'est un drame vécu.

3. Quelle est la profession de Rémi Watteau? *Un jeune amour*, qu'est-ce que c'est? Qu'est-ce qu'il est utile de faire pour comprendre le film?

   Il est écrivain. C'est une comédie.

   Il est utile de lire le livre pour

   comprendre le film.

4. *La rose et le soleil*, qu'est-ce que c'est? Comment est le livre? Qui l'a écrit? Quelle est la nationalité de Marianne Aimée?

   C'est un roman. Il est très long.

   C'est Marianne Aimée. Elle est

   française.

*Fruits du marché* est un tableau du célèbre peintre sénégalais Abdoul Désiré. Il est important que vous aimiez l'art moderne pour apprécier cette nature morte. Ce tableau est très grand et il est magnifique.

5. Qui est Abdoul Désiré? Qu'est-ce qu'il est important qu'on aime pour apprécier ce tableau? Quel genre de tableau est *Fruits du marché?* Comment est-il?

C'est un peintre. Il est important qu'on aime l'art moderne. C'est une nature morte. Il est très grand et il est magnifique.

Il faut que vous réserviez vos billets à l'avance pour le concert à l'Opéra. M. Dubâton, qui est un compositeur moderne, est aujourd'hui le chef d'orchestre.

6. Qui est le chef d'orchestre? Quelle est sa vraie profession? Qu'est-ce qu'il est nécessaire de faire si on veut aller au concert?

C'est M. Dubâton. Il est compositeur. Il est nécessaire de réserver les billets à l'avance.

Le sculpteur suisse Rosie Latour et son assistant, Frédéric Dumoulin, présentent une collection de statues au musée Lapin. Il est utile de noter que les deux artistes sont très jeunes. M. Dumoulin n'a que 16 ans!

7. Qui est Rosie Latour? Qui est Frédéric Dumoulin? Comment est Frédéric Dumoulin?

C'est un sculpteur suisse. C'est l'assistant du sculpteur. Il est très jeune.

Bambou Lamé est une chanteuse superbe. Née au Bénin, elle chante en fon. Il est donc utile qu'on connaisse un peu cette langue du Bénin pour comprendre ses chansons. Aujourd'hui elle donne un concert "Chantons ensemble" qui est surtout pour les jeunes.

8. Qui est Bambou Lamé? Le fon, qu'est-ce que c'est? Qu'est-ce qu'il est utile qu'on connaisse pour comprendre ses chansons? "Chantons ensemble", qu'est-ce que c'est?

C'est une chanteuse. C'est la langue du Bénin. Il est utile qu'on connaisse un peu cette langue. C'est un concert pour les jeunes.

**14** Vous visitez une exposition au musée du Louvre à Paris. Il y a beaucoup de monde. Votre amie vous demande qui est là. Dites-le-lui en utilisant les illustrations et aussi les expressions indiquées. Commencez chaque phrase avec **c'est** ou **il/elle est.** Suivez le modèle.

**Modèle:**

Albert Michel

vedette du cinéma français / joue dans *C'est moi!*

*C'est Albert Michel. Il est acteur. C'est une vedette du cinéma français. C'est lui qui joue dans C'est moi!*

Answers will vary.

Mlle Lanote

1. musicienne formidable / a composé la musique du film *Henri et moi*

   C'est Mlle Lanote. C'est un chef d'orchestre. C'est une musicienne formidable. C'est elle qui a composé la musique du film *Henri et moi.*

Mamou    Sarah

2. francophones / enregistrent des bandes originales

   Ce sont Mamou et Sarah. Elles sont chanteuses. Elles sont francophones. Ce sont elles qui enregistrent des bandes originales.

Pascal

Jacques

3. de bons amis / ont acheté nos billets

   Ce sont Pascal et Jacques. Ils sont étudiants. Ce sont de bons amis. Ce sont eux qui ont acheté nos billets.

**Workbook**    ©EMC

Alain Montclair

4. artiste moderne / peint des paysages superbes

C'est Alain Montclair. Il est peintre. C'est un artiste
moderne. C'est lui qui peint des paysages
superbes.

M. Lemaître

5. belge / a un atelier au lycée

C'est M. Lemaître. Il est professeur. Il est belge.
C'est lui qui a un atelier au lycée.

Aïcha Kahled

6. très exigeante / tourne des films en Afrique

C'est Aïcha Kahled. C'est un metteur en scène.
Elle est très exigeante. C'est elle qui tourne des
films en Afrique.

Nicolas
Lapierre

Maurice
Dumarbre

7. français / font de petites statues

Ce sont Nicolas Lapierre et Maurice Dumarbre. Ils
sont sculpteurs. Ils sont français. Ce sont eux qui
font de petites statues.

Érica Forêt   Lucie Vautrin

8. personnes intéressantes / écrivent des pièces de théâtre

Ce sont Érica Forêt et Lucie Vautrin. Elles sont

écrivains. Ce sont des personnes intéressantes. Ce

sont elles qui écrivent des pièces de théâtre.

**15** | Vous et vos amis, vous voulez travailler dans le cinéma. Qu'est-ce qu'il faut que vous fassiez? Donnez vos réponses en utilisant **il faut que.**

**Modèle:** tu / être un fana de cinéma

*Il faut que tu sois un fana de cinéma.*

1. je / faire un film

   Il faut que je fasse un film.

2. Ali et Frédéric / savoir comment écrire un scénario

   Il faut qu'ils sachent comment écrire un scénario.

3. tu / être l'assistant d'un metteur en scène

   Il faut que tu sois l'assistant d'un metteur en scène.

4. Pascal et moi, nous / recevoir tous les guides de cinéma

   Il faut que nous recevions tous les guides de cinéma.

5. Yves / vouloir travailler dur

   Il faut qu'il veuille travailler dur.

6. vous / pouvoir tourner un film

   Il faut que vous puissiez tourner un film.

**Workbook**   ©EMC

7. nous / aller souvent au cinéma

   <u>Il faut que nous allions souvent au cinéma.</u>

8. Laurent et Nora / venir avec nous au festival de Cannes

   <u>Il faut qu'ils viennent avec nous au festival de Cannes.</u>

9. Viviane / suivre des cours de théâtre

   <u>Il faut qu'elle suive des cours de théâtre.</u>

10. Hugues et moi, nous / voir beaucoup de drames vécus

    <u>Il faut que nous voyions beaucoup de drames vécus.</u>

11. tu / croire au succès

    <u>Il faut que tu croies au succès.</u>

12. je / avoir un peu de chance

    <u>Il faut que j'aie un peu de chance.</u>

**16** | Imaginez que votre famille passe des vacances à Paris. Vous téléphonez à votre ami Paul qui est aux États-Unis. Il vous pose des questions. Dites-lui ce qu'il faut que vous fassiez. Suivez les modèles pour écrire vos réponses en utilisant **il faut que**.

**Modèles:** Tes parents prennent leurs passeports partout? (oui)

*Oui, il faut qu'ils prennent leurs passeports partout.*

Tes parents prennent leurs passeports partout? (non)

*Non, il ne faut pas qu'ils prennent leurs passeports partout.*

1.  Tu as de l'argent français? (oui)

    Oui, il faut que j'aie de l'argent français.

2.  Tu vas souvent au bureau de location? (oui)

    Oui, il faut que j'aille souvent au bureau de location.

3.  Ton frère et toi, vous faites la queue dans tous les musées? (non)

    Non, il ne faut pas que nous fassions la queue dans tous les musées.

4.  Vous voyez tous les monuments? (oui)

    Oui, il faut que nous voyions tous les monuments.

5.  Ton père prend beaucoup de photos? (oui)

    Oui, il faut qu'il prenne beaucoup de photos.

6.  Tes parents veulent parler français? (oui)

    Oui, il faut qu'ils veuillent parler français.

7.  Ton père reçoit des amendes? (non)

    Non, il ne faut pas qu'il reçoive des amendes.

8.  Tu fais des promenades dans les parcs? (non)

    Non, il ne faut pas que je fasse des promenades dans les parcs.

9.  Tes sœurs boivent du café au lait? (non)

    Non, il ne faut pas qu'elles boivent du café au lait.

10. Ton frère vient avec toi aux grands magasins? (non)

<u>Non, il ne faut pas qu'il vienne avec moi aux grands magasins.</u>

_____

11. Tu es à l'hôtel après 23h00? (oui)

<u>Oui, il faut que je sois à l'hôtel après 23h00.</u>

_____

12. Robert et moi, nous savons où te téléphoner? (oui)

<u>Oui, il faut que vous sachiez où me téléphoner.</u>

_____

**17** Vous êtes le metteur en scène d'un film. Qu'est-ce que vous voulez que tout le monde fasse? Écrivez à qui vous devez dire les choses qui sont dans chaque liste. Suivez le modèle.

**Modèle:** (vous)

     • venir enregistrer vos chansons

     Note pour les compositeurs:

       *• Il faut que vous veniez enregistrer vos chansons.*

    (je)

     • pouvoir lire le scénario à l'avance

     • voir le scénariste

     • aller parler au compositeur

    Note pour moi:

     <u>• Il faut que je puisse lire le scénario à l'avance.</u>

     <u>• Il faut que je voie le scénariste.</u>

     <u>• Il faut que j'aille parler au compositeur.</u>

_____

_____

(il)

• vouloir changer le scénario

• croire qu'il n'y a aucun problème

Note pour le scénariste:

 • Il faut qu'il veuille changer le scénario.

 • Il faut qu'il croie qu'il n'y a aucun problème.

_____

_____


(tu)

• prendre des notes

• aller au commissariat

• acheter un cadeau pour l'anniversaire de la vedette

Note pour mon assistant:

 • Il faut que tu prennes des notes.

 • Il faut que tu ailles au commissariat.

 • Il faut que tu achètes un cadeau pour l'anniversaire de la vedette.

_____

_____


(ils)

• finir tard demain

• croire à leurs rôles

Note pour les acteurs:

 • Il faut qu'ils finissent tard demain.

 • Il faut qu'ils croient à leurs rôles.

_____

_____

(vous)

• savoir votre rôle

• boire du thé au citron

Note pour la vedette:

  • Il faut que vous sachiez votre rôle.

  • Il faut que vous buviez du thé au citron.

_____

_____


(nous)

• travailler dur

• être prêts à tourner demain

Note pour tout le monde:

  • Il faut que nous travaillions dur.

  • Il faut que nous soyons prêts à tourner demain.

_____

_____

**18** Catherine interviewe une vedette du cinéma français. Regardez ses notes pour l'interview. Puis posez chaque question de Catherine et donnez la réponse affirmative de l'acteur en utilisant l'expression indiquée. Suivez le modèle.

1. J'enregistre cette conversation.
   → vaut mieux?

2. Mes amis et moi, nous sommes vos fans. → surprenant?

3. Les jeunes viennent voir vos films. → important?

4. Vos amis et vous, vous tournez beaucoup de films. → essentiel?

5. Les acteurs jouent de bons rôles.
   → nécessaire?

6. Vous connaissez le scénariste de chaque film. → essentiel?

7. Vous travaillez dur. → indispensable?

8. Je sais tous ces renseignements sur vous. → utile?

9. Vous quittez cette profession.
   → impossible?

C'EST À TOI!
Level Three

**Modèle:** Vous allez souvent au théâtre. ——→ essentiel?

> Catherine: *Est-il essentiel que vous alliez souvent au théâtre?*
>
> Acteur: *Oui, il est essentiel que j'aille souvent au théâtre.*

1. Catherine: Vaut-il mieux que j'enregistre cette conversation?

   Acteur: Oui, il vaut mieux que vous enregistriez cette conversation.

2. Catherine: Est-il surprenant que mes amis et moi, nous soyons vos fans?

   Acteur: Oui, il est surprenant que vos amis et vous, vous soyez mes fans.

3. Catherine: Est-il important que les jeunes viennent voir vos films?

   Acteur: Oui, il est important que les jeunes viennent voir mes films.

4. Catherine: Est-il essentiel que vos amis et vous, vous tourniez beaucoup de films?

   Acteur: Oui, il est essentiel que mes amis et moi, nous tournions beaucoup de films.

5. Catherine: Est-il nécessaire que les acteurs jouent de bons rôles?

   Acteur: Oui, il est nécessaire que les acteurs jouent de bons rôles.

6. Catherine: Est-il essentiel que vous connaissiez le scénariste de chaque film?

   Acteur: Oui, il est essentiel que je connaisse le scénariste de chaque film.

7.  Catherine:    Est-il indispensable que vous travailliez dur?

   Acteur:    Oui, il est indispensable que je travaille dur.

8.  Catherine:    Est-il utile que je sache tous ces renseignements sur vous?

   Acteur:    Oui, il est utile que vous sachiez tous ces renseignements sur moi.

9.  Catherine:    Est-il impossible que vous quittiez cette profession?

   Acteur:    Oui, il est impossible que je quitte cette profession.

---

**19** | Nicolas a des opinions très précises sur certains artistes. Écrivez ce qu'il pense d'eux en complétant chaque phrase avec l'expression la plus logique de la liste suivante.

| | |
|---|---|
| aller au bureau de location pour avoir un prix réduit | ne pas se fâcher avec le metteur en scène |
| avoir des lunettes de soleil | ne pas se méfier de son assistant |
| enregistrer un CD | pouvoir jouer du piano et du violon |
| étudier le théâtre | reconnaître ce vieil acteur |
| apprendre à peindre | savoir utiliser un ordinateur pour écrire |
| ne pas être musicienne | |

**Modèle:** Rose Larouge veut peindre des paysages qui montrent la mer.

   Il vaut mieux qu' *elle apprenne à peindre.*

1.  Marc Marin est un acteur qui a souvent des problèmes quand il tourne.

   Il est important qu' il ne se fâche pas avec le metteur en scène.

2. Anne-Marie et Stéphanie sont deux chanteuses qui veulent devenir célèbres.

   Il est utile qu' elles enregistrent un CD.

3. Henri Lapierre est un sculpteur qui a besoin d'aide, mais il n'est pas souvent dans son atelier.

   Il est bon qu' il ne se méfie pas de son assistant.

4. Véronique Durouleau est un jeune metteur en scène.

   Il est surprenant qu' elle reconnaisse ce vieil acteur.

5. Maurice Dupont et André Durand sont des écrivains qui travaillent beaucoup.

   Il est indispensable qu' ils sachent utiliser un ordinateur pour écrire.

6. Fatima Tambour est chef d'orchestre.

   Il est impossible qu' elle ne soit pas musicienne.

7. Les frères de Raphaël veulent devenir acteurs.

   Il est nécessaire qu' ils étudient le théâtre.

8. Patrick dit qu'il sait jouer du piano et du violon.

   Il est possible qu' il puisse jouer du piano et du violon.

9. Gilberte veut assister à ce concert, mais elle n'a pas beaucoup d'argent.

   Il est essentiel qu' elle aille au bureau de location pour avoir un prix réduit.

10. Alexandre Legrand est un acteur très célèbre qui n'aime pas être reconnu dans la rue.

    Il vaut mieux qu' il ait des lunettes de soleil.

# *Unité 4*   *Le monde du travail*

**1** | Olivier cherche un travail comme vendeur. Lisez cette petite annonce et complétez la réponse d'Olivier avec les mots convenables de la liste.

## LE MAGASIN DE ROLLERS DE LA COMPAGNIE

**SUPER-ROULETTES**

**cherche vendeur/vendeuse bilingue.**

**Expérience préférable -
Bonne attitude indispensable**

Envoyez curriculum vitæ et lettre à:
M. Joshua Lenoir, Super-Roulettes
33, rue du Sport - 62820 Libercourt

| | | | |
|---|---|---|---|
| accueillant | diplômé | numéro | problème |
| bilingue | enthousiaste | organisé | qualifications |
| CV | flexible | petite annonce | réponse |
| compagnie | magasin | poste | vendeur |

**21 octobre/Emplois-Jeunes**

Olivier Martin
14, rue Bernard
62820 Libercourt

Libercourt, le 21 octobre 1999

Monsieur Joshua Lenoir
33, rue de Sport
62820 Libercourt

Monsieur,

Je réponds à votre ___petite annonce___ dans le magazine *Emplois-Jeunes*,
                          1.

___numéro___ du 20 octobre pour le ___poste___ de
    2.                                  3.

___vendeur___. L'année dernière, j'ai travaillé à Sports de rue où j'ai
    4.

vendu des planches à roulettes. De plus, je connais bien la ___compagnie___
                                                                   5.

Super-Roulettes. Je suis un fana très ___enthousiaste___ de roller!
                                            6.

J'aime travailler dans un ___magasin___ parce qu'on y fait la connaissance
                              7.

de personnes intéressantes. C'est un travail exigeant où il faut toujours être

___accueillant___. Ce n'est pas un ___problème___ pour moi parce
    8.                                  9.

que j'aime les gens.

Vous trouverez tous les renseignements nécessaires sur mes ___qualifications___
                                                                 10.

dans mon ___CV___. Je n'ai pas peur des responsabilités. J'aime ranger
          11.

les choses et je suis très ___organisé___. Je peux travailler le weekend ou
                                12.

pendant la semaine: je suis ___flexible___. Je suis aussi
                                13.

___bilingue___: je parle anglais et français. Je vais bientôt être
    14.

___diplômé___ du Centre de langues.
    15.

En attendant votre ___réponse___, je vous prie d'agréer, Monsieur, mes
                        16.

salutations distinguées.

*Olivier Martin*

**2** Cherchez et encerclez (*circle*) 19 mots qui viennent des informations sur Jean-Guy Letourneau dans la **Leçon A**. Cherchez dans toutes les directions. Puis complétez les phrases suivantes avec les mots que vous avez trouvés.

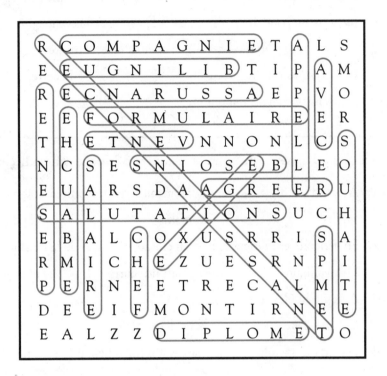

1. Pour donner son nom, Jean-Guy écrit "Je m'____appelle____ Jean-Guy Letourneau."

2. Jean-Guy travaille ____avec____ Assurance Canada.

3. Jean-Guy travaille à plein ____temps____.

4. Jean-Guy parle deux langues. Il est ____bilingue____.

5. Il ____souhaite____ qu'on lui offre un gros salaire.

6. Il trouve que son ____salaire____ est trop petit.

7. Il écrit à la ____compagnie____ Lacerte.

8. La compagnie Lacerte ____embauche____ du personnel.

9. Lacerte est la compagnie d'____assurance____ numéro un.

10. Jean-Guy doit être doué pour la ____vente____.

11. Jean-Guy doit être ____diplômé____ de l'université pour avoir le poste avec Lacerte.

12. La compagnie ____exige____ que les employés aient de l'expérience.

13. M. Bagnal est le _____ chef _____ du personnel.

14. Jean-Guy écrit "Je vous prie d'_____ agréer _____, Monsieur...."

15. À la fin de sa lettre, Jean-Guy donne ses _____ salutations _____ distinguées.

16. Jean-Guy répond aux _____ besoins _____ de la compagnie.

17. Si Jean-Guy va au rendez-vous, le chef va lui en être très _____ reconnaissant _____.

18. Le 8 août, Jean-Guy va se _____ présenter _____ à Lacerte.

19. Jean-Guy va devoir remplir un _____ formulaire _____.

---

**3** | Choisissez la bonne réponse d'après l'**Enquête culturelle** dans la **Leçon A**.

1. Aujourd'hui il y a... de femmes françaises qui travaillent comparé à 1970.

   (a.) plus               b. moins                c. peu

2. En général, les Françaises participent aux finances de la maison en....

   (a.) travaillant        b. ayant un mari        c. changeant d'attitude

3. Aujourd'hui les couples ont besoin... pour bien vivre.

   a. d'un salaire         (b.) de deux salaires    c. d'une assistante maternelle

4. Quand on travaille à temps partiel, on travaille... par semaine.

   a. plus de 15 heures    b. 15 heures            (c.) moins de 15 heures

5. Les assistantes maternelles travaillent surtout....

   a. à plein temps        (b.) à temps partiel     c. le weekend

6. Dix-huit pour cent des jeunes Français ont....

   a. des vacances    b. un travail à temps partiel  (c.) un travail à plein temps

7. Les jeunes Français disposent en général de... par semaine.

   (a.) 150 francs         b. 27 francs            c. 90 francs

8. Pour un jeune Français, être... est le plus prestigieux.

   a. policier             (b.) directeur (directrice)   c. agent d'assurance
                               d'une compagnie

9. Les Français disposent de leur salaire surtout pour payer....

   a. leurs distractions   b. leurs vêtements      (c.) le chauffage et l'électricité

10. ... a beaucoup changé le monde du travail.

    (a.) L'électronique      b. Le cinéma      c. La créativité

11. L'automatisation... beaucoup de travail dans l'industrie de production.

     a. a trouvé      (b.) a éliminé      c. a cherché

12. Un agent de voyage fait un travail....

     a. de production      (b.) de service      c. technique

---

**4** | Colette se présente à la compagnie Toubon pour avoir du travail. Complétez les questions de M. Duval, chef du personnel, en utilisant **depuis quand** ou **depuis combien de temps.** Ensuite complétez les réponses de Colette en utilisant **depuis.**

**Modèles:**    M. Duval:    *Depuis combien de temps*   cherchez-vous du travail?

         Colette:    *Je cherche du travail depuis*   un mois.

         M. Duval:    *Depuis quand*   cherchez-vous du travail?

         Colette:    *Je cherche du travail depuis*   le mois de septembre.

1. M. Duval:    Depuis quand          êtes-vous diplômée?

     Colette:    Je suis diplômée depuis          le mois de juin.

2. M. Duval:    Depuis combien de temps          apprenez-vous la vente?

     Colette:    J'apprends la vente depuis          un an.

3. M. Duval:    Depuis combien de temps          votre frère travaille-t-il

     avec nous?

     Colette:    Il travaille avec vous depuis          huit ans.

4. M. Duval:    Depuis quand          cherchez-vous un poste

     de vendeuse?

     Colette:    Je cherche un poste de vendeuse depuis

     la fin de septembre.

5. M. Duval:    Depuis combien de temps          votre sœur Alice

     fait-elle un stage avec nous?

     Colette:    Elle fait un stage avec vous depuis

     deux semaines.

6. M. Duval: <u>Depuis combien de temps</u> étudiez-vous l'anglais?

    Colette: <u>J'étudie l'anglais depuis</u> deux ans.

7. M. Duval: <u>Depuis quand</u> voulez-vous vendre

    des assurances?

    Colette: <u>Je veux vendre des assurances depuis</u>

    la première année de lycée.

8. M. Duval: <u>Depuis quand</u> votre père est-il chef

    des ventes?

    Colette: <u>Il est chef des ventes depuis</u> le 15 octobre.

9. M. Duval: <u>Depuis quand</u> suivez-vous des cours

    de vente?

    Colette: <u>Je suis des cours de vente depuis</u>

    le début du mois de juillet.

10. M. Duval: <u>Depuis combien de temps</u> connaissez-vous

    notre compagnie?

    Colette: <u>Je connais votre compagnie depuis</u>

    toujours!

**5** | Pour parler de votre futur travail, dites ce que tout le monde veut. Suivez le modèle.

**Modèle:** Qu'est-ce que ton père exige de toi? (étudier les maths et suivre des cours de vente)

*Mon père exige que j'étudie les maths. Il exige aussi que je suive des cours de vente.*

1. Qu'est-ce que tes parents préfèrent pour ton frère et toi? (apprendre l'informatique et connaître les sciences)

   Mes parents préfèrent que mon frère et moi, nous apprenions l'informatique. Ils préfèrent aussi que nous connaissions les sciences.

2. Qu'est-ce qu'Yvette souhaite pour toi? (aller travailler dans une compagnie moderne et faire des recherches sur Internet)

   Yvette souhaite que j'aille travailler dans une compagnie moderne. Elle souhaite aussi que je fasse des recherches sur Internet.

3. Qu'est-ce que tu désires pour elle? (venir avec moi au rendez-vous et arriver à l'heure)

   Je désire qu'elle vienne avec moi au rendez-vous. Je désire aussi qu'elle arrive à l'heure.

4. Qu'est-ce que ta mère exige de toi? (devenir bilingue et apprendre la physique)

   Ma mère exige que je devienne bilingue. Elle exige aussi que j'apprenne la physique.

5. Qu'est-ce que tu veux de moi? (lire les petites annonces et répondre aux annonces intéressantes)

   Je veux que tu lises les petites annonces. Je veux aussi que tu répondes aux annonces intéressantes.

6. Qu'est-ce que le professeur aime pour nous? (chercher un boulot et travailler l'été)

   Le professeur aime que vous cherchiez un boulot. Il aime aussi que vous travailliez l'été.

**6** Il y a une fête du travail à votre lycée et vous avez beaucoup à faire. Dites ce que vous voulez que tout le monde fasse pour vous aider.

**Modèle:** préférer / tu / lire les petites annonces

*Je préfère que tu lises les petites annonces.*

1. souhaiter / Louis / écrire "Bienvenue" au tableau

   Je souhaite que Louis écrive "Bienvenue" au tableau.

2. exiger / tu / téléphoner au directeur

   J'exige que tu téléphones au directeur.

3. vouloir / Karine / aller au supermarché

   Je veux que Karine aille au supermarché.

4. souhaiter / Céline et toi, vous / préparer des sandwichs

   Je souhaite que Céline et toi, vous prépariez des sandwichs.

5. désirer / Théo et toi, vous / nettoyer les tables

   Je désire que Théo et toi, vous nettoyiez les tables.

6. préférer / Mélanie et moi, nous / prendre les photos

   Je préfère que Mélanie et moi, nous prenions les photos.

7. vouloir / Valérie / envoyer des lettres

   Je veux que Valérie envoie des lettres.

8. exiger / Charles / remplir un formulaire

   J'exige que Charles remplisse un formulaire.

9. préférer / Florence et Sonia / acheter des fruits

   Je préfère que Florence et Sonia achètent des fruits.

**7** Imaginez que vous venez de recevoir votre diplôme de l'université. Vos études sont finies et vous cherchez un travail qui correspond à vos nouvelles qualifications. D'abord choisissez la profession que vous allez faire. Puis écrivez votre CV en suivant le modèle à la page 157 dans votre manuel de français.

Answers will vary.

**(VOTRE NOM)**

_____

(Votre adresse)

_____

(Votre numéro de téléphone)

**OBJECTIF** (Expliquez le travail que vous cherchez et pourquoi.)

_____

_____

**FORMATION** (Donnez les écoles où vous avez étudié, en commençant avec la dernière. Donnez la liste de vos diplômes et dites quand vous les avez obtenus.)

_____

_____

_____

_____

**EXPÉRIENCE** (Donnez tous les emplois que vous avez eus, en commençant avec le dernier. Pour chaque emploi, donnez la date, une description du poste et la liste de vos responsabilités.)

_____

_____

_____

_____

_____

_____

_____

_____

Workbook  ©EMC

**LOISIRS** (Faites la liste de vos passe-temps préférés, des sports que vous faites et des boulots que vous avez faits sans être payé(e).)

_____

_____

_____

_____

_____

_____

**À CONTACTER** (Donnez les noms des personnes à qui le chef du personnel peut demander des renseignements sur vous.)

_____

_____

_____

_____

_____

_____

_____

_____

_____

_____

_____

_____

**8** Vous lisez un article du journal *Les Infos des Ados*. Complétez chaque phrase avec l'expression la plus logique de la liste suivante.

| | | | |
|---|---|---|---|
| chaîne | diplômés | manifestants | salaire |
| chômage | embauchés | manifestation | septembre |
| compagnies | emplois | manifester | université |
| CVs | garanti | | |

Hier la _____chaîne_____ de télévision TF1 a montré un très bon
1.
documentaire sur la grande _____manifestation_____ qui s'est passée dans
2.
les rues de Paris. Les _____manifestants_____ étaient tous des étudiants. Ils
3.
disaient "Nous voulons du travail _____garanti_____!"
4.

Il est vrai qu'aujourd'hui, le _____chômage_____ est un problème très
5.
important. Les jeunes qui ont fini leurs études et qui sont _____diplômés_____
6.
cherchent du travail, mais ils ne trouvent pas d'_____emplois_____. Ils envoient
7.
leurs _____CVs_____ à des _____compagnies_____ qui ne leur répondent
8.            9.
pas. Que faire? Est-ce que les jeunes doivent étudier plus longtemps à
l'_____université_____? Est-ce qu'ils doivent accepter de travailler pour un
10.
petit _____salaire_____?
11.

Pour beaucoup de jeunes, la réponse est non. Ils veulent être
_____embauchés_____ à plein temps et être bien payés. D'après TF1, les
12.
étudiants vont _____manifester_____ une fois de plus à la rentrée en
13.
_____septembre_____. Ils vont demander plus de postes. Espérons que le
14.
gouvernement va les écouter.

**9** Choisissez l'expression à droite qui est le contraire de l'expression à gauche et écrivez sa lettre dans l'espace blanc.

___g___ 1. un reportage télé en direct    a. dire pourquoi on est heureux

___d___ 2. être sûr de    b. ne pas savoir pourquoi

___h___ 3. avoir un emploi    c. pas très haut

___n___ 4. suffisamment    d. douter de

___k___ 5. contre    e. payer un salaire très élevé

___l___ 6. inférieur    f. ne pas exiger

___f___ 7. pousser à    g. une émission enregistrée à l'avance

___c___ 8. élevé    h. être au chômage

___a___ 9. dire son mécontentement    i. ne pas penser faire

___b___ 10. avoir une raison    j. ne pas aller à l'université

___e___ 11. payer le SMIC    k. pour

___m___ 12. une grande école    l. plus élevé

___i___ 13. compter faire    m. une école élémentaire

___j___ 14. faire des études    n. pas assez

**10** Dites si chaque phrase est vraie ou fausse d'après l'**Enquête culturelle.** Si la phrase est fausse, écrivez la phrase correcte.

1. Tous les salariés français ont une semaine de 39 heures.
   Fausse. Les salariés qui travaillent à plein temps ont une semaine de 39 heures.

2. Les agriculteurs ont une semaine de travail de 62 heures.
   Vraie.

3. Les gens payés à l'heure ont une journée de travail moins longue que les salariés.
   Fausse. Ils ont une journée de travail plus longue que les salariés.

4. Les employés de bureau en France arrêtent de travailler à midi pour déjeuner.

   Vraie.

5. En France on ne travaille pas les jours fériés.

   Vraie.

6. Un jour de congé est un jour de travail.

   Fausse. Un jour de congé est un jour sans travail.

7. Les Français ont en général six semaines de vacances par an.

   Vraie.

8. Au mois d'août, peu de Parisiens sont en vacances.

   Fausse. Au mois d'août, beaucoup de Parisiens sont en vacances.

9. Il n'y a pas de problème de chômage en France.

   Fausse. Le chômage est un problème grave en France.

10. Le nombre de jeunes au chômage est assez élevé.

    Vraie.

**11** Vous regardez la télévision française. Janine Toukal, qui travaille pour TF1, fait un reportage en direct d'une rue de Paris où il y a une manifestation. Il y a du bruit et vous n'entendez pas tout. Complétez chaque phrase avec **qui** ou **que**.

Les jeunes ____qui____ veulent du travail ont manifesté cet après-midi à Paris. Les emplois
        1.

____qu'____ on leur offre ne sont pas assez intéressants. Les jeunes ____qui____ sont
  2.                               3.

diplômés désirent être embauchés à plein temps. Mais les petites annonces ____qui____ sont
                                                        4.

C'EST À TOI!
Level Three

dans le journal et ____que____ les jeunes lisent tous les jours offrent surtout des postes à
5.

temps partiel. Les étudiants des grandes écoles, ____qui____ manifestaient aussi, comptent
6.

trouver des emplois dans le cadre administratif. La chaîne TF1, ____que____ vous regardez en
7.

ce moment, a interviewé les manifestants ____qui____ n'acceptent ni le chômage ni le
8.

SMIC. Le SMIC, ____qui____ est le salaire minimum, n'est pas assez important. Les salaires
9.

____que____ les jeunes comptent recevoir sont plus élevés que le SMIC. Mais les
10.

compagnies ____que____ j'ai visitées n'embauchent que des personnes avec beaucoup
11.

d'expérience. Les jeunes ____qui____ n'ont pas encore d'expérience se présentent pour des
12.

postes ____que____ les chefs de personnel réservent aux employés plus âgés. Les CVs
13.

____que____ ces chefs reçoivent ne sont pas assez complets. Un jeune ____qui____ veut
14.                                                                    15.

un bon emploi doit commencer avec un petit boulot ____qui____ paie un salaire peu élevé.
16.

C'est ce problème ____qui____ a poussé les jeunes à manifester aujourd'hui. Le
17.

gouvernement vient de garantir des changements ____que____ les jeunes vont apprécier.
18.

Pour l'instant, les manifestants ____que____ j'ai vus se méfient du gouvernement.
19.

**12** Vous écoutez une émission de la chaîne française TF1 sur les emplois et le chômage. Vous prenez des notes pour pouvoir dire à vos amis ce que vous avez appris. Écrivez vos notes en commençant chaque phrase avec **ce que** ou **ce qui.**

**Modèles:** L'informatique est utile.

*Ce qui est utile, c'est l'informatique.*

Un lycéen doit apprendre l'anglais.

*Ce qu'un lycéen doit apprendre, c'est l'anglais.*

1. Le chômage crée des problèmes.

   Ce que le chômage crée, ce sont des problèmes.

2. Vous devez lire les petites annonces.

   Ce que vous devez lire, ce sont les petites annonces.

3. Les petites annonces offrent des boulots à temps partiel.

   Ce que les petites annonces offrent, ce sont des boulots à temps partiel.

4. L'expérience est importante.

   Ce qui est important, c'est l'expérience.

5. Les stages sont utiles.

   Ce qui est utile, ce sont les stages.

6. L'anglais est essentiel.

   Ce qui est essentiel, c'est l'anglais.

7. Les recommandations professionnelles sont importantes.

   Ce qui est important, ce sont les recommandations professionnelles.

   _____

8. On doit envoyer une photo avec son CV.

   Ce qu'on doit envoyer avec son CV, c'est une photo.

   _____

9. Un chef demande un employé enthousiaste.

   Ce qu'un chef demande, c'est un employé enthousiaste.

   _____

10. Le gouvernement va créer des emplois pour les jeunes.

    Ce que le gouvernement va créer, ce sont des emplois pour les jeunes.

    _____

11. On va offrir aux jeunes un horaire de travail réduit.

    Ce qu'on va offrir aux jeunes, c'est un horaire de travail réduit.

    _____

12. Un salaire supérieur au salaire minimum n'est pas garanti.

    Ce qui n'est pas garanti, c'est un salaire supérieur au salaire minimum.

    _____

**13**   *La Voix de l'Étudiant* est un journal pour les étudiants de la ville de Lille. Lisez chaque petite annonce, puis répondez aux questions en commençant vos réponses avec **ce qui** ou **ce que.**

## JOBS • JOBS • JOBS • JOBS • JOBS • JOBS • JOBS

### Animez vos vacances

Devenir animateur pendant les vacances, c'est l'occasion de se dépayser en gagnant un peu de fric. Deux organismes recherchent des étudiants pour les petites vacances scolaires. Europea recrute des animateurs bilingues (allemand ou espagnol) titulaires du BAFA et du BNS et ayant au minimum le bac. ADP 59 recherche de son côté des animateurs de ski pour les vacances de décembre. Ils doivent être titulaires du BAFA et avoir un bon niveau en ski.
Renseignements: Europea, tél. 03.20.40.13.13; ADP 59, BP 103, 59016 Lille cedex.

### 500 POSTES DE TÉLÉVENDEURS

La téléprospection est un domaine qui recrute en ce moment. Pas moins de 500 postes à temps partiel sont à pourvoir. Eurotéléphone à Roubaix recherche 20 téléconseillères. Manpower recrute 200 télévendeurs entre 18 et 30 ans pour des contrats de 30 h par semaine. Les postes sont basés à Tourcoing. Ecco cherche 200 conseillers téléphoniques pour des missions jusqu'à mi-décembre.
Renseignements: Eurotéléphone, 228, avenue Alfred-Motte, 59100 Roubaix; Manpower, 78, rue de Mouvaux, 59200 Tourcoing; Ecco, 75, bd de la Liberté, 59000 Lille.

### DO YOU SPEAK ENGLISH? (only for girls)

Une société d'étude de marché anglaise recherche des femmes parlant et écrivant anglais pour réaliser des interviews et des enquêtes à Lille. Contactez Rosemary Shepperd en Grande-Bretagne au 19.44.81.788.8819.

### Un job à l'UGC = des films gratos

UGC propose aux étudiants des emplois à mi-temps en qualité d'agent d'accueil ou d'agent de comptoir, pour un salaire de 2 000 à 3 000 F par mois pour des contrats de 19 à 20 h par semaine, en plus les films sont gratos! Téléphonez-nous au 03.20.57.57.20 pour avoir plus de renseignements.

**Modèle:** Qu'est-ce que vous devez savoir parler pour travailler à Europea?

*Ce que je dois savoir parler, c'est l'allemand ou l'espagnol.*

1. Qu'est-ce que vous devez avoir au minimum pour travailler à Europea?

   Ce que je dois avoir au minimum, c'est le bac.

2. Lisez les qualifications demandées par Europea. Qu'est-ce qui est possible si on sait skier?

   Ce qui est possible si on sait skier, c'est travailler en décembre.

3. À Eurotéléphone trouve-t-on des postes à plein temps ou à temps partiel?

   Ce qu'on trouve à Eurotéléphone, ce sont des postes à temps partiel.

4. Qu'est-ce qui se trouve au 75, boulevard de la Liberté à Lille?

   Ce qui se trouve au 75, boulevard de la Liberté à Lille, c'est

   la compagnie Ecco.

5. Lisez l'annonce de Rosemary Shepperd. Qu'est-ce qui est nécessaire pour travailler avec elle?

   Ce qui est nécessaire pour travailler avec elle, c'est parler

   et écrire anglais.

6. Qu'est-ce que vous devez faire comme travail avec Rosemary Shepperd?

   Ce que je dois faire comme travail, ce sont des interviews et

   des enquêtes.

7. Qu'est-ce qu'un étudiant peut recevoir comme salaire à UGC?

   Ce qu'un étudiant peut recevoir, c'est un salaire de 2 000 à

   3 000 F par mois.

8. D'après l'annonce d'UGC, qu'est-ce qui se passe si on téléphone au 03.20.57.57.20?

   Ce qui se passe, c'est qu'on a plus de renseignements.

**14** Lisez les renseignements sur les personnes suivantes, puis dites ce qui va se passer, selon les indications données. Suivez le modèle.

**Modèle:** Pierre est timide.
je doute: aller manifester / préférer rester chez lui

*Je doute qu'il aille manifester. Je ne doute pas qu'il préfère rester chez lui.*

1. Sylviane cherche du travail pour la première fois.
je suis certain(e): lire les petites annonces / recevoir un salaire très élevé

   Je suis certain(e) qu'elle lit les petites annonces. Je ne suis pas

   certain(e) qu'elle reçoive un salaire très élevé.

   _____

   _____

2. Myriam et Alice ont beaucoup d'expérience dans la vente.
je crois: avoir un bon travail dans les assurances / pouvoir travailler comme journalistes

   Je crois qu'elles ont un bon travail dans les assurances. Je ne crois pas

   qu'elles puissent travailler comme journalistes.

   _____

   _____

3. Marie-Thérèse et Michel veulent trouver des emplois dans le cadre administratif.
il est évident: devoir étudier dans une grande école / être au chômage

   Il est évident qu'ils doivent étudier dans une grande école. Il n'est pas

   évident qu'ils soient au chômage.

   _____

   _____

4. Frédéric et toi, vous voulez travailler à la télévision.
je doute: pouvoir travailler pour la chaîne TF1 sans avoir d'expérience / être très enthousiastes

   Je doute que nous puissions travailler pour la chaîne TF1 sans avoir

   d'expérience. Je ne doute pas que nous sommes très enthousiastes.

   _____

   _____

5. Les lycéens français ne sont pas contents.
   il est vrai: avoir peur du chômage / recevoir des emplois garantis

   Il est vrai qu'ils ont peur du chômage. Il n'est pas vrai qu'ils reçoivent

   des emplois garantis.

6. Ton frère vient d'avoir son premier emploi.
   je pense: recevoir le SMIC / devenir chef la semaine prochaine

   Je pense qu'il reçoit le SMIC. Je ne pense pas qu'il devienne chef

   la semaine prochaine.

7. Jean-Pierre parle français et anglais.
   je crois: devoir travailler dans un hôtel / accepter un salaire inférieur au salaire minimum

   Je crois qu'il doit travailler dans un hôtel. Je ne crois pas qu'il

   accepte un salaire inférieur au salaire minimum.

8. Marie-Claire est douée en maths et veut travailler à plein-temps.
   je doute: pouvoir continuer ses études à l'université / avoir les qualifications nécessaires
   pour travailler sur ordinateur

   Je doute qu'elle puisse continuer ses études à l'université. Je ne doute

   pas qu'elle a les qualifications nécessaires pour travailler sur

   ordinateur.

**15** Lisez ces petites annonces de *La Voix de l'Étudiant*. Puis répondez aux questions en utilisant le **subjonctif** ou l'**indicatif**.

---

## JOBS • JOBS • JOBS • JOBS • JOBS • JOBS • JOBS

### LE TOUR DE FRANCE RECHERCHE VINGT COMMERCIAUX

Le Tour de France recherche une vingtaine de commerciaux pour vendre ses produits sur la caravane du Tour, sportifs, si possible avec expérience de la vente et parlant l'anglais. Rémunération fixe de 5 000 F + % sur ventes, hébergement assuré. Pour la période du 30 juin au 14 juillet. Envoyer CV à Dock 23 Licences, 17, rue des Petits Champs, 75001 Paris

### A2C recherche 20 téléprospectrices

A2C recherche une vingtaine de téléprospectrices, de niveau bac +2 ou ayant une expérience du marketing. Alors si vous avez une bonne élocution et une voix agréable, contactez Danielle Bonvarlet au 03.20.54.08.61.

### ÉTUDIANTS EN COMMERCE WANTED!

L'agence Charleston, installée à Paris, recherche des étudiant(e)s stagiaires en 2$^{\text{ème}}$ ou 3$^{\text{ème}}$ année d'école de commerce disponibles dès à présent et jusqu'à juillet. Stage conventionné, indemnisé à 30% du SMIC. Renseignements auprès de Laura Coube ou Géraldine Vilars au 01.40.71.30.00.

### TF1 A BESOIN DE FIGURANTS SUR BOULOGNE-SUR-MER

Début février, TF1 recrute des figurants (hommes aux cheveux courts et femmes aux cheveux longs) pour tourner un téléfilm sur le littoral boulonnais. Présentez-vous le 24 janvier, de 8 h à 19 h, à la Chambre de commerce et d'industrie de Boulogne-sur-Mer.

---

### BRONZEZ EN VENDANT DES GÂTEAUX

Du 25 juin au 10 septembre, une odeur de gâteaux planera sur les plages. Pourquoi ne pas participer à cette odorisation estivale en vendant quelques-uns de ces délices dorés? Éric Pécaud, pâtissier basé au Lavandou, recherche une centaine d'étudiants pour les distribuer sur les plages du Sud. Selon vos ventes, vous pouvez gagner de 200 à 300 F en une après-midi de trois-quatre heures (versés chaque soir). Un contrat de travail sera signé. Renseignements auprès d'Éric Pécaud, au 03.83.20.55.55 avant le 31 mai et au 04.94.71.55.55 après cette date.

---

**Modèles:** Anne n'aime pas la vente, mais elle adore le cinéma. Elle n'a pas son bac.

a. Va-t-elle travailler avec la caravane du Tour de France?

Il n'est pas certain *qu'elle aille travailler avec la caravane du Tour de France.*

b. Va-t-elle travailler pour TF1?

Il est sûr *qu'elle va travailler pour TF1.*

1. Monique a les cheveux très courts. Elle aime la plage. Elle ne veut pas travailler dans un magasin.

    a. Part-elle à Boulogne tourner un film pour TF1?

    On doute qu'elle parte à Boulogne tourner un film pour TF1.

    b. Veut-elle travailler pour A2C?

    Il n'est pas évident qu'elle veuille travailler pour A2C.

    c. Peut-elle téléphoner à Éric Pécaud?

    Il est certain qu'elle peut téléphoner à Éric Pécaud.

2. Suzanne et Henri sont étudiants. Ils apprennent la vente. Ils cherchent un travail pendant les vacances d'été. Ils veulent faire un stage.

    a. Doivent-ils se présenter à TF1?

    On ne croit pas qu'ils doivent se présenter à TF1.

    b. Prennent-ils un travail avec A2C?

    Il n'est pas vrai qu'ils prennent un travail avec A2C.

    c. Peuvent-ils se présenter à l'agence Charleston?

    On pense qu'ils peuvent se présenter à l'agence Charleston.

3. Paul et Daniel aiment la photo et le cinéma. Ils ont 19 ans et ils sont étudiants. Ils ont les cheveux courts.

    a. Envoient-ils leur CV à l'agence Charleston?

    On doute qu'ils envoient leur CV à l'agence Charleston.

    b. Écrivent-ils une lettre à Éric Pécaud?

    Il n'est pas sûr qu'ils écrivent une lettre à Éric Pécaud.

    c. Ont-ils les qualifications nécessaires pour travailler avec TF1?

    Il est vrai qu'ils ont les qualifications nécessaires pour travailler avec TF1.

# Unité 5   *Comment se débrouiller en voyage*

**1** Vous venez d'arriver à l'Hôtel Beausoleil à Saint-Martin. Utilisez les illustrations pour dire ce qui se passe et ce que vous faites.

**Modèle:** Il fait très chaud. Qu'est-ce que tu fais?

*Je mets la clim.*

1. L'ascenseur ne marche pas. Qu'en penses-tu?

Ça m'embête.

2. Tu n'aimes pas ta chambre. Qu'est-ce que tu fais?

Je m'installe dans une autre chambre.

3. Qui te rend un service?

Le gérant me rend un service.

4. Tu as une vue panoramique de ta fenêtre. Qu'en penses-tu?

   Je suis étonné(e). / Ça me surprend.

5. Qu'est-ce qui marche bien?

   Le ventilateur marche bien.

6. Que fait le téléphone?

   Le téléphone sonne.

7. Ton ami te demande d'aller à la plage avec lui. Qu'est-ce que tu lui dis?

   Je lui dis "Je suis d'accord."

8. Qu'est-ce qu'il y a sur la plage?

   Il y a du sable blanc sur la plage.

9. Tu es fatigué(e). Qu'est-ce que tu fais?

   Je fais un somme.

10. Tu veux dormir. Qu'est-ce que tu dis à tes amis?

    Je leur dis "Chut!"

---

**2** Vous savez maintenant ce qui s'est passé quand Bruno, Antoine, Christian et Denis sont arrivés à l'Hôtel Belle Île. Lisez chaque phrase et trouvez ce qui n'y est pas correct d'après le dépliant et le dialogue dans la **Leçon A.** Soulignez l'expression qui n'est pas vraie.

**Modèle:**   Selon l'annonce, l'hôtel a une piscine, une salle de conférences et un bureau d'excursions.

1. L'annonce dit que l'hôtel est près de la plage, a 400 chambres et un restaurant.

2. Selon l'annonce, l'hôtel est accueillant pour les familles, les animaux et les groupes.

3. La chambre des garçons donne sur la mer, a une salle de bains et a le téléphone.

4. À l'hôtel, le téléphone ne sonne jamais, l'ascenseur ne marche pas et la clim n'est pas mise.

5. Dans la salle de bains, Bruno ne voit ni douche, ni sèche-cheveux, ni peigne.

6. Denis est fatigué, embêté et il s'ennuie.

7. Antoine demande une chambre sans clim, au rez-de-chaussée et qui donne sur la mer.

8. La gérante est désolée, elle se fâche et elle va leur donner une autre chambre.

**3** | Lisez cet article du magazine *Voyages et Vacances*, puis complétez chaque phrase en choisissant l'expression convenable.

---

**Voyages et Vacances**

VOYAGES:

# SAINT-MARTIN, UNE ÎLE DE RÊVE

**SAINT-MARTIN**

**Saint-Martin** est une île qui se trouve dans la mer des Antilles.

**Population:** 63 000 habitants (28 000 Français, 33 000 Hollandais)

**Climat:** température moyenne de 80°F en hiver, un peu plus chaud et humide en été.

**POURQUOI Y ALLER?**

À Saint-Martin, on trouve:
- des kilomètres de plages de sable fin.
- des hôtels de qualité, des plus luxueux au plus économiques.
- une cuisine fine servie par des restaurants renommés.
- des activités sportives variées: sports nautiques (planche à voile, plongée sous-marine), golf, longues promenades…

**HISTOIRE**

**1493:** Christophe Colomb arrive à Saint-Martin.

**16ᵉ – 17ᵉ siècle:** Les Anglais, les Espagnols, les Français et les Hollandais veulent occuper l'île pour profiter de ses ressources naturelles.

**23 mars 1648:** Les Français et les Hollandais décident de diviser l'île. **Saint-Martin,** le secteur français, est au nord. **Sint Maarten,** le secteur hollandais, est au sud.

Saint-Martin est gouverné par la France via le département de la Guadeloupe.

Sint Maarten est sous l'autorité des Pays-Bas.

**CULTURE**

Les deux nationalités coexistent en paix. Chaque secteur a son style et sa culture. On entend parler français au nord, hollandais au sud. L'espagnol et le créole sont aussi parlés sur l'île.

**L'ÎLE**

**Marigot** est la capitale du secteur français. Les touristes y apprécient la cuisine créole et les boutiques variées, sans oublier les plages et les sites historiques, comme Fort St. Louis.

**Philipsburg** est la capitale du secteur hollandais. Il faut absolument y faire du shopping à Front Street. Les plages et la plongée sous-marine y sont appréciées ainsi que les sites comme Fort Amsterdam ou Fort Willem.

**À SAVOIR**

Chaque secteur de l'île a sa culture et sa monnaie: le franc au nord, le florin au sud. Il faut noter que le dollar est accepté partout.

Les citoyens américains n'ont pas besoin de visa pour visiter l'île, mais ils doivent prouver leur nationalité (avec un passeport, par exemple).

---

1. Saint-Martin est une île dans la mer....

   (a.) des Antilles      b. du Nord      c. Méditerranée

2. À Saint-Martin, il fait... toute l'année.

   a. mauvais      b. très froid      (c.) chaud

3. L'île Saint-Martin a... plages.

   a. de très petites      (b.) de longues      c. très peu de

4. L'île est hollandaise et française depuis....

   a. 1493      (b.) 1648      c. le 16ᵉ siècle

5. À Saint-Martin, on parle français....

    a. au sud de l'île      b. partout      (c.) au nord de l'île

6. Le sud de l'île est gouverné par....

    (a.) les Hollandais      b. les Français      c. les Anglais

7. Les deux nationalités s'entendent....

    a. très mal      b. quelquefois bien, quelquefois mal      (c.) très bien

8. ... est une langue qui est aussi parlée à Saint-Martin.

    a. L'anglais      (b.) L'espagnol      c. L'allemand

9. Marigot est....

    (a.) la capitale française      b. un vieux château      c. une île

10. Philipsburg est une ville qui est....

    (a.) au sud de l'île      b. au nord de l'île      c. à Marigot

11. Sur l'île, les Français utilisent... comme monnaie.

    a. le marigot      (b.) le franc      c. le dollar

12. Les Américains peuvent montrer leur nationalité aux douaniers de Saint-Martin avec....

    a. des dollars      b. un visa      (c.) un passeport

---

**4** | Anne et Yves imaginent ce qui se passerait si Yves allait en vacances à Saint-Martin avec sa famille. Complétez leur conversation en mettant les verbes entre parenthèses au **conditionnel.**

**Modèle:**    Anne:   Avant de partir pour Saint-Martin, qu'est-ce que vous (réserver)

                  *réserveriez* _____?

       Yves:       *Nous réserverions* _____ une chambre d'hôtel.

Anne: Pour monter à la chambre, qu'est-ce que ta grand-mère (prendre)

             prendrait _____?

Yves: _____ Elle prendrait _____ l'ascenseur.

Anne: Pour avoir moins chaud, qu'est-ce que tu (mettre) _____ mettrais _____?

Yves: _____ Je mettrais _____ le ventilateur.

Anne: Pour avoir plus chaud, qu'est-ce que vous (arrêter) _____ arrêteriez _____?

Yves: _____ Nous arrêterions _____ la clim.

Anne: Pour résoudre un problème, à qui (téléphoner) _____ téléphonerais _____-tu?

Yves: _____ Je téléphonerais _____ au gérant.

Anne: Pour vous amuser, où (aller) _____ iriez _____ -vous?

Yves: _____ Nous irions _____ à la plage.

Anne: Le matin, où (nager) _____ nagerais _____ -tu?

Yves: _____ Je nagerais _____ dans la piscine.

Anne: Après le déjeuner, qu'est-ce que tes frères (faire) _____ feraient _____ ?

Yves: _____ Ils feraient _____ un somme.

Anne: Pour s'amuser, qu'est-ce que ton père (apprendre) _____ apprendrait _____ à faire?

Yves: _____ Il apprendrait _____ à faire de la planche à voile.

Anne: Le soir, où (manger) _____ mangeriez _____ -vous?

Yves: _____ Nous mangerions _____ au restaurant.

Anne: À l'hôtel, qu'est-ce que ta mère et ta sœur (regarder) _____ regarderaient _____ ?

Yves: _____ Elles regarderaient _____ la télé.

---

**5**   Vos amis et vous, vous voulez aller en vacances à Saint-Martin. Vous surfez sur Internet pour trouver un hôtel. Complétez les questions en écrivant le verbe indiqué au **conditionnel.** Puis suggérez (*suggest*) à vos amis ce qu'il faudrait faire ou ce qui se passerait. Pour cela, répondez à leurs questions en utilisant les renseignements donnés sur ces pages du web. Suivez le modèle.

**4 étoiles – Luxe**

**Le Domaine**
★★★★ *Luxe*
Anse Marcel - 97 150 Saint-Martin
Tél: 05 90 87 67 00 Fax: 05 90 87 67 67
US Toll Free Number 1.800.253.0861

**125 chambres et 20 Marina Suites**
niché au fond d'une Anse, au bord d'une plage de sable fin de 600 mètres, 60 hectares de jardins et collines verdoyantes.
2 Piscines eau douce, 2 bars, 4 Restaurants, watersports, équitation. Accès au Centre Sportif et au centre de Balnéothérapie du Privilège Resort & Spa, tir à l'arc, Volley Ball, mini golf, Galerie Marchande, Location de Voiture. Marina: location de voiliers monocoque et catamaran, bateaux à moteurs avec ou sans skippers, pêche au gros.

**Privilège Resort & Spa**
★★★★ *Luxe*
Anse Marcel - 97 150 Saint-Martin
Tél: 05 90 87 38 38 Fax: 05 90 87 44 12
US Toll Free Number: 1.800.874.8541
E-Mail: Privilege@megatropic.com

**40 chambres et suites**
Centre de Balnéothérapie, Esthétique, Centre Sportif:
1 salle d'aérobic, 1 salle de musculation, 6 Tennis, 4 Squash, 3 piscines, 2 Restaurants. Marina, Location d'hélicoptère, de Voiture, de Bateau à voile ou à moteur. Balades à cheval, Sports Nautiques, Plongée sous-marine, Pêche au gros. 2 salles de conférence pour séminaires.

### 3 étoiles

**L'Hôtel du Golfe**
★★★
Bellevue
97 150 Saint-Martin
Tél: 05 90 87 92 08 Fax: 05 90 87 83 92

**24 Chambres et 3 appartements**
Situé à l'entrée de Marigot, à quelques pas de la Marina Port la Royale, idéal pour les séjours shopping en Ville. Tous les appartements sont climatisés, téléphone direct, télévision. Un restaurant, dans un jardin exotique au bord de la piscine.

**L'Hoste Hôtel**
★★★
Baie Orientale BP 5146
97 150 Saint-Martin
Tél: 05 90 87 42 08 Fax: 05 90 87 39 96

**28 chambres**
Chambres avec terrasse privée, coffre, téléphone direct, réfrigérateur, TV, Climatisation. Restaurant au bord de la piscine. Courts de tennis.

### Non Classés

**Chez Martine**
Grand Case - BP 637
97 150 Saint-Martin
Tél: 05 90 87 51 59 Fax: 05 90 87 87 30

**5 chambres et 1 Suite**
Hôtel situé sur la plage de Grand Case. Vastes chambres avec salle de bains, air conditionné, terrasse sur la mer. Cuisine à disposition.

**Les Cottages de Lonvilliers**
Anse Marcel - BP 5123
97 150 Saint-Martin
Tél: 05 90 87 44 65
Paris: 01 42 93 79 16

**Résidence Time Share**
Résidence de 13 unités, appartements aménagés en duplex, pouvant accueillir jusqu'à 4 personnes, Terrasse, Kitchenette équipée, séjour, salle à manger, salle d'eau, canapé convertible, télévision, téléphone.

**Modèle:** À quel numéro (téléphoner) _____*téléphonerais*_____ -tu pour avoir des renseignements sur l'Hôtel Chez Martine?

Je _____*téléphonerais au 05 90 87 51 59*_____.

1. À quel numéro ton frère et toi, (faxer) _____faxeriez_____ -vous pour faire une réservation à l'Hôtel Le Domaine?

    Mon frère et moi, nous _____faxerions au 05 90 87 67 67_____.

2. Quelle plage (voir) _____verrais_____ -tu de l'Hôtel Chez Martine?

    Je _____verrais la plage de Grand Case_____.

3. Où tes amis (avoir) _____auraient_____ -ils un jardin exotique au bord de la piscine?

    Mes amis _____auraient un jardin exotique au bord de la piscine à l'Hôtel du Golfe_____.

4. Où (faire) _____feriez_____-vous du cheval?

Nous _ferions du cheval à l'Hôtel Privilège Resort & Spa_____.

5. Dans quelle ville (aller) _____irais_____-tu pour faire du shopping?

J'_irais à Marigot (dans la ville de Marigot)_____.

6. Où tes amis et toi, (pouvoir) _____pourriez_____-vous faire de l'aérobic?

Mes amis et moi, nous _pourrions faire de l'aérobic à l'Hôtel Privilège_____
Resort & Spa_____.

7. Où (envoyer) _____enverrais_____-tu une lettre pour réserver un appartement avec kitchenette équipée?

J'_enverrais une lettre aux Cottages de Lonvilliers_____.

8. Où (venir) _____viendraient_____ tes copines pour faire de la plongée sous-marine?

Mes copines _viendraient à l'Hôtel Privilège Resort & Spa_____.

9. Où (pouvoir) _____pourrais_____-tu jouer au volley?

Je _pourrais jouer au volley à l'Hôtel Le Domaine_____.

10. À quel hôtel (devoir) _____devrais_____-tu aller pour avoir un réfrigérateur dans la chambre?

Je _devrais aller à l'Hoste Hôtel_____.

---

**6** | Vous êtes en vacances à Saint-Martin avec un groupe d'amis. Votre hôtel vous surprend. Lisez ce que vos amis disent, puis choisissez votre réaction logique à chaque situation. Suivez le modèle.

**Modèle:** Nous avons une belle chambre. / être content(e) ou être désolé(e)?

*Je suis content(e) que vous ayez une belle chambre.*

1. L'ascenseur ne marche pas. / regretter ou être content(e)?

Je regrette que l'ascenseur ne marche pas.

2. Nous voyons la mer de notre chambre. / être heureux/heureuse ou être désolé(e)?

Je suis heureux/heureuse que vous voyiez la mer de votre chambre.

3. Nous devons nous débrouiller sans sèche-cheveux. / regretter ou être heureux/heureuse?

Je regrette que vous deviez vous débrouiller sans sèche-cheveux.

4.  Mon père est fâché contre le gérant. / avoir peur ou être heureux/heureuse?

    J'ai peur que ton père soit fâché contre le gérant.

    _____

5.  Mes parents n'ont pas de ventilateur. / être étonné(e) ou être content(e)?

    Je suis étonné(e) que tes parents n'aient pas de ventilateur.

    _____

6.  Le gérant ne met pas de clim. / être fâché(e) ou avoir peur?

    Je suis fâché(e) que le gérant ne mette pas de clim.

    _____

7.  Je peux dormir avec tout ce bruit. / être étonné(e) ou être triste?

    Je suis étonné(e) que tu puisses dormir avec tout ce bruit.

    _____

8.  Marianne devient malade. / s'inquiéter ou être content(e)?

    Je m'inquiète que Marianne devienne malade.

    _____

9.  Patrick et moi, nous n'aimons pas l'hôtel. / être désolé(e) ou être content(e)?

    Je suis désolé(e) que vous n'aimiez pas l'hôtel.

    _____

10. Je veux changer d'hôtel. / être triste ou être heureux/heureuse?

    Je suis triste que tu veuilles changer d'hôtel.

    _____

**7** Vous êtes à l'Hôtel de la Plage à Saint-Martin. Vous parlez avec votre copain Jean qui est aussi à l'hôtel avec sa famille. Lisez ce qu'il vous dit, puis répondez à ses questions. Utilisez les symboles donnés pour dire ce que chaque personne mentionnée pense de la situation décrite par Jean. Suivez le modèle.

**Légende:**

$\ddot\smile$ = être content(e)          $\ddot\frown$ = être fâché(e)

$\ddot\frown$ = être triste              $\ddot{\bigcirc}$ = être étonné(e)

**Modèle:** Mon père ne trouve pas nos passeports. Qu'en pense ma mère? ☹

*Elle est fâchée qu'il ne trouve pas vos passeports.*

1. Le téléphone sonne tout le temps. Qu'en pensons-nous? ☺
   Vous êtes étonnés que le téléphone sonne tout le temps.

2. La clim ne marche pas. Qu'en pensent mes parents? ☹
   Ils sont fâchés que la clim ne marche pas.

3. Le gérant ne nous rend pas de service. Qu'en pense mon père? ☹
   Il est fâché que le gérant ne vous rende pas de service.

4. Tout le monde a des ennuis à l'hôtel. Qu'en pensons-nous? ☹
   Vous êtes tristes que tout le monde ait des ennuis à l'hôtel.

5. Je sais me débrouiller en français. Qu'en penses-tu? ☺
   Je suis content(e) que tu saches te débrouiller en français.

6. Mon frère François n'allume pas la télé. Qu'en pense ma sœur? ☺
   Elle est étonnée qu'il n'allume pas la télé.

7. Mon frère et moi, nous sommes bien dans notre chambre. Qu'en pensent-mes parents? ☺
   Ils sont contents que vous soyez bien dans votre chambre.

8. Ma copine Martine doit partir ce soir. Qu'est-ce que j'en pense? ☹
   Tu es triste que ta copine Martine doive partir ce soir.

9. Je ne peux pas rester longtemps à Saint-Martin. Qu'en penses-tu? ☹
   Je suis triste que tu ne puisses pas rester longtemps à Saint-Martin.

**8** Regardez les quatre illustrations suivantes. Puis racontez une histoire selon ce que vous voyez. Vous devez décrire l'endroit, les personnages de l'histoire et ce qui se passe. Donnez tous les détails possibles.

1.

2.

3.

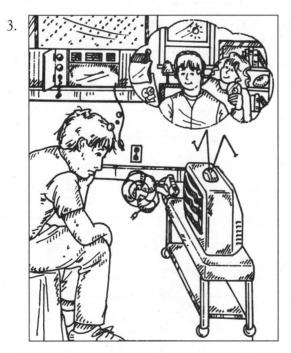

4.

Compositions will vary. Sample answer.

D'abord, Martin Dupont reçoit une lettre. Il est dans sa chambre. Il fait du soleil. Il lit la lettre. Il est content parce qu'il a gagné un voyage gratuit à Saint-Martin. Il pense qu'il va aller dans un hôtel très cher. Il va aller à la plage et faire la connaissance de nouveaux amis. Il dit, "Ce voyage gratuit va être super!"

Ensuite, Martin arrive à Saint-Martin. Il pleut. Il a froid parce qu'il porte un tee-shirt et un short. Il y a beaucoup de personnes à l'hôtel, mais pas de jeunes. Martin doit attendre. Il y a un chien méchant. Martin est embêté.

Puis, Martin monte dans sa chambre. Il a très chaud parce que le ventilateur et la climatisation ne marchent pas. Il ne peut pas sortir parce qu'il pleut. Il s'ennuie. Il veut regarder la télévision, mais elle ne marche pas. La chambre n'est pas belle. Martin voudrait être chez lui, dans sa chambre. Il y écouterait des CDs avec sa copine.

Enfin, Martin quitte l'hôtel, mais maintenant il fait du soleil. Martin voit des hommes qui entrent dans l'hôtel. Ils y viennent pour faire marcher la télévision et la clim. Un car arrive. Des touristes descendent du car. Il y a des jeunes. Maintenant Martin aimerait rester à l'hôtel, mais il doit partir.

**Leçon B**

**9** Écrivez les expressions à droite qui correspondent aux descriptions données à gauche. Quand vous avez fini, complétez la phrase en écrivant les lettres indiquées par les numéros pour savoir qui travaille dans un avion.

**Modèle:** aller visiter un autre pays
faire un $\underline{V O Y A G E}$
1

1. visiter les musées et les monuments

1. faire les $\underline{T O U R I S T E S}$
2

2. utiliser

2. se $\underline{S E R V I R}$ de
3

3. où on met son sac à dos dans l'avion

3. le $\underline{P O R T E}$-$\underline{B A G A G E S}$
4

4. la personne qui contrôle tout dans un train

4. le $\underline{C H E F}$ $\underline{D E}$ $\underline{T R A I N}$
5

5. l'homme qui aide les passagers dans un avion

5. le $\underline{S T E W A R D}$
6

6. dire qu'on n'est pas content

6. se $\underline{P L A I N D R E}$
7

7. la personne qui travaille dans un parc national

7. le $\underline{G A R D E}$ $\underline{F O R E S T I E R}$
8

8. ce qu'on écrit à la fin d'une lettre

8. $\underline{B I S O U S}$
9

9. un site touristique près de Gaspé

9. le $\underline{R O C H E R}$ Percé
10

10. ce qu'on dit si on ne connaît pas le nom de quelqu'un

10. M. $\underline{U N}$ $\underline{T E L}$
11

11. ce que l'on regarde par la fenêtre du train

11. le $\underline{P A Y S A G E}$
12

12. se rappeler de quelque chose

12. se $\underline{S O U V E N I R}$ de
13

13. aller avec quelqu'un

13. $\underline{A C C O M P A G N E R}$
14

$\underline{L}'\underline{H}\underline{\hat{O}}\underline{T}\underline{E}\underline{S}\underline{S}\underline{E}$ $\underline{D}\underline{E}$ $\underline{L}'\underline{A}\underline{I}\underline{R}$ travaille dans un avion.
7  10 14  4  5  3 12  1   8 13  11  6  9  2

**10** | Est-ce que vous vous souvenez des cartes postales de Micheline dans la **Leçon B?** Relisez-les (*reread them*), puis dites si les phrases suivantes sont vraies ou fausses. Si la phrase est fausse, écrivez une phrase correcte.

1. Gaspé est dans la province de Québec.
   Vraie.

2. Le parc près de Gaspé est un parc sauvage.
   Vraie.

3. Le cousin de Micheline est chef de train.
   Fausse. Le cousin de Micheline est garde forestier.

4. À Dorval, Micheline s'est rendu compte qu'elle n'avait pas son sac à dos.
   Vraie.

5. L'hôtesse de l'air et le steward l'ont mal traitée.
   Fausse. Ils l'ont bien traitée.

6. Le sac à dos était sous le siège de l'avion.
   Fausse. Il était dans le porte-bagages, au-dessus des sièges.

7. La Canadienne dont Micheline a fait la connaissance l'a accompagnée à l'hôtel.
   Fausse. Elle l'a accompagnée à la gare.

8. Le Chaleur est un train canadien.
   Vraie.

9. Micheline a cherché le chef de train.
   Vraie.

10. Le chef de train n'avait pas de patience.
    Fausse. Il s'est occupé de Micheline avec patience.

11. Micheline est restée dans le train toute la nuit.
    Vraie.

12. Micheline a parcouru le parc en bateau.
    Fausse. Micheline a parcouru le parc en camion.

**11** Vous préparez un voyage en Gaspésie au Canada. Vous avez trouvé les pages suivantes sur le web. Utilisez ces pages et les renseignements donnés dans l'**Enquête culturelle** de la **Leçon B** pour répondre aux questions.

---

**Gaspésie**

## LE MUSÉE DE LA GASPÉSIE: L'HISTOIRE CULTURELLE RACONTÉE

Ancré là où Jacques Cartier prit possession de la Nouvelle-France en 1534, le Musée de la Gaspésie surplombe la magnifique baie de Gaspé. Aux allures d'un vaisseau moderne, le Musée de la Gaspésie amène le visiteur à la conquête de l'histoire, de la culture et du développement gaspésien, des débuts jusqu'à nos jours.

**En toute saison, le Musée de la Gaspésie propose:**

❖ L'exposition permanente <<Un peuple de la mer>>

❖ trois salles d'expositions temporaires aux thématiques variées qui présentent la culture et les artistes gaspésiens

❖ le centre d'archives et la bibliothèque qui regroupent la plus importante collection d'ouvrages spécialisés sur l'histoire, le développement de la Gaspésie et de ses habitants

❖ le service de généalogie

❖ visites guidées en français ou en anglais

*Jacques Cartier*

---

## HISTORIQUE

La forme du havre naturel dérivé du Micmac "Tchakibiac", signifiant la batture rompue. Ce site choisi par Charles Robin en 1767 pour y établir un des premiers postes de pêche sédentaire de la Gaspésie, devint par la suite le chef-lieu des opérations de la compagnie Charles Robin, véritable monopole d'un commerce d'importation et d'exportation. Aujourd'hui, Paspébiac vise à offrir une qualité de vie supérieure à ses citoyens et citoyennes en leur permettant de saisir au maximum les avantages d'une municipalité débordante de services au sein d'un remarquable milieu naturel. En vous promenant dans ce site, vous aurez envie d'y mettre l'accent.

**Dates importantes et faits divers**

• **1877** - Année de fondation de Paspébiac.

• **1964** - Un énorme feu ravagea une partie des bâtiments appartenant à la compagnie Charles Robin.

• **1995** - Inauguration du boulevard Gérard D. Lévesque, en l'honneur d'un grand politicien de carrière de Paspébiac (plus de 37 ans de vie politique).

| Page d'accueil | Situation et accessibilité | Tour de ville | Administration municipale | Commentaires et informations |

---

## *Percé… en toute saison!*

Judicieusement appelée capitale touristique, Percé a acquis, aux fil des ans, une réputation des plus appréciables. Sa renommée en fait un lieu de séjour de choix. La diversité de son hébergement est l'une de ses grandes qualités: nombreux hôtels, motels, auberges, gîtes, maisons de chambres et campings. De plus, par l'excellence de sa restauration, Percé est une région gastronomique fort recherchée. Grâce à sa localisation géographique unique, votre séjour à Percé vous offre aussi l'opportunité de vous rendre vers Gaspé et le Parc Forillon (vers l'Est) ou encore de visiter la MRC Pabok (vers l'Ouest). Au printemps… La pêche au homard, ce crustacé garnira votre table tout au long de vos vacances. À l'été… Une effervescence d'activités variées. À l'automne… La nature se fait encore plus belle pour mieux vous accueillir. En hiver… Une randonnée sur les glaces pour découvrir l'immensité du rocher.

## Jour 1

❖ Marche au Rocher Percé à marée basse

❖ Sentiers en montagnes (le Mont Sainte-Anne, la Grotte et la Crevasse)

❖ Tours guidés (ville et/ou montagnes)

❖ Plongée sous-marine, planche à voile, tennis, piscine, kayak de mer

❖ Pêche: quais, rivières, excursions organisées

❖ Spectacles divers, cafés-terrasses, boutiques d'artisanat et souvenirs

C'EST À TOI!
Level Three

**Modèle:** Quel est le nom de la baie près du Musée de la Gaspésie?

*Le nom est la baie de Gaspé.*

Answers will vary.

1. Jacques Cartier, quand est-il arrivé en Nouvelle-France?

   Il y est arrivé en 1534.

2. Comment s'appelle l'exposition permanente du Musée de la Gaspésie?

   L'exposition permanente s'appelle <<Un peuple de la mer>>.

3. Où peut-on trouver des livres sur l'histoire de la Gaspésie?

   On peut trouver des livres sur l'histoire de la Gaspésie à la bibliothèque

   du musée.

4. En quelles langues les visites du musée sont-elles expliquées?

   Les visites sont expliquées en français ou en anglais.

5. Qui a choisi l'endroit où est maintenant le village de Paspébiac et en quelle année?

   Charles Robin a choisi l'endroit en 1767.

6. Le village de Paspébiac, quand a-t-il été fondé?

   Le village de Paspébiac a été fondé en 1877.

7. Où les touristes peuvent-ils dormir à Percé?

   Les touristes peuvent dormir aux hôtels ou aux campings.

8. Quel est le nom du parc à l'est de Percé?

   Le parc à l'est de Percé est le Parc Forillon.

9. Quels sports peut-on faire en mer près de Percé?

   On peut faire de la plongée sous-marine et de la planche à voile.

**12** Vos amis et vous voyagez au Québec en train. Complétez chaque phrase avec la forme convenable de l'expression la plus logique de la liste suivante.

| | |
|---|---|
| avoir besoin de | se plaindre de |
| avoir peur de | se servir de |
| faire la connaissance de | se souvenir de |
| s'occuper de | se tromper de |
| parler de | traiter de |

**Modèle:** Je voyage la nuit. J'_____*ai besoin d'*_____ un lit.

1. Karine ne regarde pas son billet. Elle _____ se trompe de _____ train.

2. Fabrice et Étienne sont mal assis. Ils _____ se plaignent de _____ leurs sièges.

3. Vous êtes dans le train pour Montréal. Vous y _____ faites la connaissance des _____ garçons canadiens. Ils sont très gentils.

4. Ce magazine est intéressant. Il _____ traite du _____ Rocher Percé.

5. Le professeur d'histoire voyage avec nous. Il nous _____ parle de _____ Jacques Cartier.

6. Tu cherches un hôtel qui est bon marché. Tu _____ te sers du _____ *Guide Michelin*.

7. Mes frères sont gentils. Ils _____ s'occupent de _____ mon chien quand je voyage.

8. Je ne suis pas étonné que Diane prenne le train. Elle _____ a peur de _____ l'avion.

9. Sandrine et moi, nous avons visité le Parc de l'Île-Bonaventure-et-du-Rocher-Percé l'année dernière. Nous _____ nous souvenons du _____ garde forestier.

**13** | Tout le monde voyage au Québec cet été. Combinez les deux phrases en utilisant le pronom **dont.** Suivez le modèle.

Modèle:  C'est mon copain. Le frère de mon copain habite à Gaspé.

*C'est mon copain dont le frère habite à Gaspé.*

1. Voici le sac à dos. Je me sers de ce sac à dos quand je voyage.

   Voici le sac à dos dont je me sers quand je voyage.

2. Je prends les vêtements. J'ai besoin de ces vêtements.

   Je prends les vêtements dont j'ai besoin.

3. C'est le gars. La sœur de ce gars travaille dans le parc près de Percé.

   C'est le gars dont la sœur travaille dans le parc près de Percé.

4. C'est le parc. Le guide parle de ce parc.

   C'est le parc dont le guide parle.

5. Voici l'employée du syndicat d'initiative. Tu as fait la connaissance de cette employée l'été dernier.

   Voici l'employée du syndicat d'initiative dont tu as fait la

   connaissance l'été dernier.

6. Ce sont les voyageurs. Les billets de ces voyageurs sont gratuits.

   Ce sont les voyageurs dont les billets sont gratuits.

7. Le mauvais temps est le problème. Les touristes se plaignent de ce problème.

   Le mauvais temps est le problème dont les touristes se plaignent.

8. Je fais du shopping dans la boutique. Mon correspondant québécois s'occupe de cette boutique.

   Je fais du shopping dans la boutique dont mon correspondant

   québécois s'occupe.

9. C'est le vieil hôtel. Mon père se souvient de cet hôtel.

   C'est le vieil hôtel dont mon père se souvient.

# Unité 6

## *L'avenir: la technologie et l'environnement*

**1** Votre ami Christophe fait un stage au centre spatial de Kourou en Guyane française. Répondez aux questions d'après l'illustration et la lecture qui commence la **Leçon A.**

1. Qu'est-ce que Christophe peut voir sur l'écran de son ordinateur?
   Il peut voir la fusée Ariane.

2. Où se trouve l'écran de l'ordinateur?
   Il se trouve sur le moniteur.

3. La fusée Ariane, qu'est-ce que c'est?
   C'est un lanceur de satellites.

4. Combien de pays sont membres de l'Agence spatiale européene?
   Quatorze pays sont membres de l'Agence spatiale européenne.

5. Quel petit accessoire près de l'ordinateur Christophe utilise-t-il avec la main?
   Il utilise la souris.

6. De quoi Christophe a-t-il besoin pour écrire sur l'ordinateur?

   Il a besoin d'un clavier.

7. Qu'est-ce que Christophe pousse avec le doigt pour écrire une lettre sur l'ordinateur?

   Il pousse une touche du clavier.

8. Qu'est-ce que Christophe va utiliser pour mettre ce qu'il a écrit sur l'ordinateur sur une feuille de papier?

   Il va utiliser l'imprimante.

9. Pour garder ce qu'il a écrit sur l'ordinateur, qu'est-ce que Christophe devrait utiliser?

   Il devrait utiliser une disquette.

**2** Servez-vous d'Internet et de la lecture qui commence la **Leçon A** pour trouver les renseignements demandés.

Sur Internet, utilisez l'outil de recherche: http://www.yahoo.fr ou cherchez les réponses à la page du Centre Spatial Guyanais à http://www.cnes.fr ou à http://www.cnes.fr/actualites/news/aria_com.html.

Pour des renseignements sur la Guyane française, allez à: http://www.yahoo.fr/Exploration_geographique/Pays/France/DOM/Guyane. Puis choisissez le site que vous désirez explorer (art et culture, tourisme...).

---

### LA TECHNOLOGIE FRANÇAISE

#### LE CENTRE SPATIAL

- Le centre spatial français s'appelle le CNES (Centre National d'Études Spatiales).

- Le centre spatial se trouve en Guyane française.

- La fusée française s'appelle Ariane.

- Les noms de deux satellites européens sont Skynet 4F et Sirius 3 (Answers will vary.).

- La prochaine mission de la fusée Ariane va être le Answers will vary.

---

## LA TÉLÉMATIQUE

- Avec le Minitel les Français sont <u>en ligne</u>.
- Pour trouver des renseignements sur l'Eurotunnel, on peut utiliser l'outil de recherche <u>http://www.yahoo.fr</u>.
- Avec le web on peut <u>faire des recherches, recevoir de l'e-mail et jouer à des jeux électroniques</u>.
- En français, Internet s'appelle <u>l'inforoute</u>.

## LA GUYANE FRANÇAISE

- Les deux pays à côté de la Guyane française sont <u>le Surinam</u> et <u>le Brésil</u>.
- En Guyane française il fait <u>très chaud</u>.
- Le gouvernement de la Guyane française est le gouvernement <u>français</u>.
- L'argent utilisé est <u>le franc français</u>.
- La capitale de la Guyane française est <u>Cayenne</u>.
- En Guyane française on parle <u>français</u>.

## LES ORDINATEURS

- Avec une disquette on peut <u>sauvegarder des renseignements</u>.
- Un ordinateur a <u>un moniteur</u>, <u>un clavier</u> et <u>une souris</u>.
- On met les renseignements sauvegardés sur papier avec <u>l'imprimante</u>.
- Pour travailler sur ordinateur, on peut utiliser <u>la souris</u> ou <u>les touches du clavier</u>.

**3** | Votre ami et vous, vous êtes à Paris. Vous avez pris quelques brochures à l'office du tourisme parce que vous voulez aller à Londres. Lisez ces brochures, puis répondez aux questions de votre ami.

### Symboles

| | | |
|---|---|---|
| A Arrivée | ⌣ Couchette | ♿ Facilités handicapés |
| D Départ | Voiture-lits | |
| | ✗ Voiture-restaurant | 🚲 Vélo : transport gratuit |
| | ⊗ Grill-express | |
| | Restauration à la place | |
| | Bar | |
| | Vente ambulante | |

### Remarques

**Les trains circulant tous les jours ont leurs horaires indiqués en gras.**
Tous les trains offrent des places assises en 1$^{re}$ et 2$^e$ classe sauf indication contraire dans les notes.
Certains trains circulant rarement ne sont pas repris dans cette fiche.

### Services offerts dans les gares

| | Information | Billet Réservation | ♿ | Parcotrain | Train + Auto | Train + Vélo | Buffet | Change |
|---|---|---|---|---|---|---|---|---|
| **Calais Maritime** | 36.35.35.35 | | | | | | | ● |
| **London-Victoria** | | ● | | ● | | | ● | |
| **Paris Nord** | (1) 45.82.50.50. (1) 45.82.50.50 | ● | ● | ● | | ● | ● | |

36.35.35.35 : 2, 19F la minute

| Numéro de train | | 2015/4 | 22221 | 2019 | 22133 | 32221 | 32133 | 22221 | 32221 |
|---|---|---|---|---|---|---|---|---|---|
| Notes à consulter | | 1 | 5 | 3 | 2 | 8 | 4 | 6 | 7 |
| Paris Nord | D | 09.28 | | 10.56 | | | | | |
| Boulogne Maritime | D | I | 13.22 | 14.00 | | | | | |
| Folkestone Harbour (Folkestone) | D | I | | | 14.05 | | 14.35 | | |
| Calais Maritime | D | 12.31 | 13.15 | | | I | | 13.15 | |
| Dover-Eastern Docks (Douvres) | D | | 13.45 | | | I | | 14.45 | |
| Dover-Priory (Douvres) | D | | | | 15.03 | I | | | 15.55 |
| London-Victoria (Londres) | A | | | | 16.47 | 16.35 | | | 17.57 |

**1.** Circule : jusqu'au 21 jan : tous les jours- ♿

**2.** Circule : jusqu'au 21 jan : tous les jours sauf le 25 déc.- 2$^e$ CL.

**3.** Circule : jusqu'au 21 jan : tous les jours- 🚲 -🚲 -♿

**4.** Circule : jusqu'au 21 jan : tous les jours.

**5.** Circule du 23 oct au 21 jan : tous les jours sauf le 25 déc.- Correspondance gratuite par bus.

**6.** Circule : jusqu'au 22 oct : tous les jours- Correspondance gratuite par bus.

**7.** Circule : jusqu'au 22 oct : tous les jours.

**8.** Circule du 23 oct au 21 jan : tous les jours sauf le 25 déc.

**Nota :** Pour les relations directes Paris Londres, consulter le Guide EUROSTAR

**le Shuttle**
La navette d'Eurotunnel

ANGLETERRE
FOLKESTONE
MANCHE
CALAIS
FRANCE

**Comment traverser la Manche
... autrement**

EURO TUNNEL

**Le Shuttle, la navette
d'Eurotunnel**

Le Shuttle est le nom du service de navettes résolument unique exploité par Eurotunnel. Il transporte les véhicules et leurs passagers à travers le tunnel sous la Manche, en boucle entre Calais et Folkestone.

Avec Le Shuttle, la navette d'Eurotunnel, c'est une nouvelle façon de traverser la Manche qui est née, une innovation et un événement à la hauteur de la formidable aventure du tunnel sous la Manche.

**Le Shuttle, c'est aussi un ensemble de services
pour les passagers et leurs voitures**

L'accueil sur les terminaux de Calais et de Folkestone par un personnel bilingue, efficace et souriant.
Des boutiques, restaurants et autres prestations offertes aux automobilistes dans les Terminaux Passagers.
Deux centres d'information, l'un à Calais, l'autre à Folkestone, permettant aux visiteurs de vivre à la fois l'histoire et l'actualité du système Le Shuttle au travers d'animations laser, de projections vidéo et d'objets symboles de cette grande épopée.

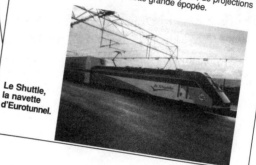

Le Shuttle,
la navette
d'Eurotunnel.

1. Dans quelles gares à Paris et à Londres est-ce qu'on peut prendre le train?

   On peut prendre le train à la gare London-Victoria et à la gare
   Paris Nord.

2. Combien doit-on payer si on veut prendre son vélo dans le train?

   On ne doit rien payer si on veut prendre son vélo dans le train.

3. Si on veut prendre son vélo dans le train Paris-Boulogne, à quelle heure est-ce qu'on doit partir?

   On doit partir à 10h56.

4. Combien de temps faut-il pour aller de Calais à Douvres en train?

   Pour aller de Calais à Douvres en train, il faut trente minutes.

5. Quels sont les numéros des trains que l'on ne peut pas prendre le 25 décembre?

   On ne peut pas prendre les trains 22221, 22133 ou 32221.

C'EST À TOI!
Level Three

6. Où est l'Eurotunnel?

   L'Eurotunnel est sous la Manche.

7. Le Shuttle, qu'est-ce que c'est? Entre quelles villes voyage-t-il?

   Le Shuttle est un train qui voyage entre Folkestone et Calais.

8. Où peut-on voir un spectacle sur Le Shuttle?

   On peut voir un spectacle sur Le Shuttle dans deux centres

   d'information, l'un à Calais et l'autre à Folkestone.

**4** Stéphane, Martine et Éric comparent le train à l'avion. Stéphane adore le train mais n'aime pas l'avion. Martine n'aime pas le train et préfère l'avion. Éric pense que le train est aussi agréable (*pleasant*) que l'avion. Utilisez ces opinions et les adjectifs donnés pour écrire leurs comparaisons entre le train et l'avion. Suivez les modèles.

**Modèles:** (indispensable) Éric: *Le train est aussi indispensable que l'avion.*

(moderne) Martine: *Le train est moins moderne que l'avion.*

(sûr) Stéphane: *Le train est plus sûr que l'avion.*

1. (direct) Martine: Le train est moins direct que l'avion.

2. (intéressant) Stéphane: Le train est plus intéressant que l'avion.

3. (rapide) Martine: Le train est moins rapide que l'avion.

4. (important) Éric: Le train est aussi important que l'avion.

5. (pratique) Martine: Le train est moins pratique que l'avion.

6. (populaire) Martine: Le train est moins populaire que l'avion.

7. (utile) Éric: Le train est aussi utile que l'avion.

8. (beau) Stéphane: <u>Le train est plus beau que l'avion.</u>

9. (nécessaire) Martine: <u>Le train est moins nécessaire que l'avion.</u>

10. (cher) Éric: <u>Le train est aussi cher que l'avion.</u>

**5** Pierre est un jeune Français fana de technologie. Écrivez ce qu'il dit en utilisant le superlatif de l'adjectif donné. Suivez le modèle.

**Modèle:** Ariane 5 est une fusée européenne. (avancé)

*Ariane 5 est la fusée européenne la plus avancée.*

1. Le TGV est un train français. (célèbre)
   Le TGV est le train français le plus célèbre.

2. L'Eurotunnel est devenu une façon de traverser la Manche. (direct)
   L'Eurotunnel est devenu la façon la plus directe de traverser la Manche.

3. L'Agence spatiale européenne construit des fusées. (moderne)
   L'Agence spatiale européenne construit les fusées les plus modernes.

4. Les fusées Ariane sont des lanceurs de satellites. (gros)
   Les fusées Ariane sont les plus gros lanceurs de satellites.

5. Le Minitel est un ordinateur français. (petit)
   Le Minitel est le plus petit ordinateur français.

6. Les informaticiens résolvent des problèmes d'ordinateur. (difficile)
   Les informaticiens résolvent les problèmes d'ordinateur les
   plus difficiles.

7. La télématique est un domaine de l'informatique. (important)

La télématique est le domaine de l'informatique le plus important.

8. Internet et le Minitel offrent des façons d'envoyer des messages. (rapide)

Internet et le Minitel offrent les façons les plus rapides d'envoyer des messages.

9. Internet permet de trouver des informations. (intéressant)

Internet permet de trouver les informations les plus intéressantes.

10. Yahoo! et Infoseek sont des outils de recherche. (populaire)

Yahoo! et Infoseek sont les outils de recherche les plus populaires.

**6** Dites ce qui se passera dans 20 ans. Utilisez le **futur** en suivant le modèle.

**Modèle:** toutes les familles / avoir un ordinateur

*Toutes les familles auront un ordinateur.*

1. tu / pouvoir acheter un ordinateur très bon marché

Tu pourras acheter un ordinateur très bon marché.

2. vous / réussir à créer un nouveau genre d'ordinateur

Vous réussirez à créer un nouveau genre d'ordinateur.

3. nous / sauvegarder notre travail sur de très petites disquettes

Nous sauvegarderons notre travail sur de très petites disquettes.

4. l'inforoute / devenir la façon de téléphoner la plus rapide

L'inforoute deviendra la façon de téléphoner la plus rapide.

5. tout le monde / accéder au web

   Tout le monde accédera au web.

6. tu / se brancher sur Internet tous les jours

   Tu te brancheras sur Internet tous les jours.

7. les jeunes / choisir des professions dans l'informatique

   Les jeunes choisiront des professions dans l'informatique.

8. vous / continuer à étudier la télématique

   Vous continuerez à étudier la télématique.

9. les satellites / être très petits

   Les satellites seront très petits.

10. nous / utiliser des fusées pour voyager

    Nous utiliserons des fusées pour voyager.

11. je / s'occuper de l'environnement

    Je m'occuperai de l'environnement.

12. je / avoir 35 ans

    J'aurai 35 ans.

---

**7** | Vos amis et vous, vous êtes allés voir la voyante. Elle a expliqué ce que vous ferez quand vous aurez 20 ans. Utilisez les expressions entre parenthèses pour écrire ce qu'elle a dit.

**Modèle:** (louer / une maison) Je *louerai une maison.*

1. (acheter / une voiture de sport) Thierry achètera une voiture de sport.

2. (être / metteurs en scène) Olivier et moi, nous serons metteurs en scène.

3. (faire / beaucoup de ski de fond) Tu feras beaucoup de ski de fond.

4. (avoir / un ordinateur) Raphaël et Magali <u>auront un ordinateur.</u>

   _____

5. (aller / en France) Zohra et toi, vous <u>irez en France.</u>

   _____

6. (étudier / les satellites) Mes copines <u>étudieront les satellites.</u>

   _____

7. (prendre / l'avion chaque semaine) Tu <u>prendras l'avion chaque semaine.</u>

   _____

8. (vendre / des imprimantes) Vous <u>vendrez des imprimantes.</u>

   _____

9. (devenir / médecin) Daniel <u>deviendra médecin.</u>

   _____

10. (visiter / Paris) Vous <u>visiterez Paris.</u>

    _____

11. (écrire / un livre) J'<u>écrirai un livre.</u>

    _____

12. (lancer / des fusées) Luc et Jean, ils <u>lanceront des fusées.</u>

    _____

**8** Frédéric fait un exposé en classe. Il a choisi le sujet "Un Monde Meilleur". Voici ce qu'il va lire à la classe, mais ses notes ne sont pas finies. Complétez chaque phrase en choisissant l'expression la plus logique de la liste suivante.

| | | | |
|---|---|---|---|
| articles | famine | missions humanitaires | refuge |
| Congo | fourrure | oublier | Ruanda |
| dès que | frontière | passionnant | Terre |
| engagé | lutte | pauvreté | |
| équipe | meilleure | protéger | |

*Mon frère est médecin. L'année dernière il est parti travailler en Afrique avec une*

_____ **équipe** _____ *de médecins et d'infirmières. Il est allé au*
1.

_____ **Ruanda** _____ *, un pays à côté de la République Démocratique du*
2.

_____ **Congo** _____ *. Ces deux pays ont une* _____ **frontière** _____
3.                                                      4.

*avec le Burundi.*

*La* _____ **famine** _____ *est un problème dans ces pays où les gens n'ont pas*
5.

*assez à manger. Ils sont aussi très pauvres. Cette* _____ **pauvreté** _____ *est un autre*
6.

*problème très important. Mon frère et ses amis continuent la* _____ **lutte** _____
7.

*pour offrir une* _____ **meilleure** _____ *vie à ces personnes. Mon frère aime*
8.

*participer à des* _____ **missions humanitaires** _____ *. Il est très* _____ **engagé** _____ *.*
9.                                                            10.

*Moi aussi,* _____ **dès que** _____ *je serai médecin, je partirai aider les personnes*
11.

*qui en ont besoin. Ce sera* _____ **passionnant** _____ *!*
12.

*Pour le moment, j'aide les animaux. Je dis à tout le monde de ne pas acheter de manteaux de*

_____ **fourrure** _____ *. J'ai aussi aidé ma ville à créer un* _____ **refuge** _____
13.                                                                    14.

*pour les animaux perdus. J'écris aussi des* _____articles_____ *sur l'environnement*

15.

*pour le journal de l'école. Il ne faut pas* _____oublier_____ *que notre planète,*

16.

*la* _____Terre_____ *, est notre responsabilité. Alors nous devons*

17.

*la* _____protéger_____ *.*

18.

**9** Écrivez une expression qui explique chaque phrase en utilisant le dialogue de la **Leçon B.** À la fin vous lirez verticalement les lettres encadrées pour trouver le nom d'un célèbre écologiste français.

1.  C'est "Sauvegarder la Terre".  s u j e t

2.  C'est un pays où il y a eu des missions humanitaires.  I r a k

3.  C'est la profession de Brigitte Bardot.  a c t r i c e

4.  Ce sont de petits animaux qui ont de la fourrure blanche.  b é b é s   p h o q u e s

5.  C'est le titre du journal du lycée.  *Un Monde Meilleur*

6.  C'est le jour où les reporters doivent rendre leurs articles.  v e n d r e d i

7.  C'est le nom du chef du journal.  M a r y s e

8.  C'est le nom du bateau d'une équipe de recherche.  *La Calypso*

9.  Elle s'occupe de l'article sur la mer.  V a l é r i e

10.  C'est ce qui se passe quand il n'y a rien à manger.  f a m i n e

11.  Didier pense que son sujet est comme cela.  p a s s i o n n a n t

12.  D'après Valérie, leur protection est importante.  o c é a n s

13.  C'est une province française où il y a un refuge pour animaux.  N o r m a n d i e

14.  Son commerce doit être interdit.  f o u r r u r e

15.  Il y en a de sérieux et d'amusant sur les océans.  f i l m s

16.  C'est ce que les reporters écrivent.  a r t i c l e s

17.  C'est ce que Philippe veut devenir.  m é d e c i n

18.  C'est ce qu'il faut être quant aux problèmes écologiques.  e n g a g é

19.  C'est un problème des pays qui ne sont pas riches.  p a u v r e t é

Un célèbre écologiste français: Jacques-Yves Cousteau

**10** | Philippe, le reporter du journal du lycée, a préparé des questions pour son article sur Médecins Sans Frontières. Il vous demande de l'aider. Vous avez fait des recherches et vous avez trouvé les articles suivants. Lisez-les, puis répondez aux questions de Philippe.

## Qui sont les Médecins Sans Frontières?

Chaque année, près de 2 000 Médecins Sans Frontières partent mettre leurs compétences au service d'hommes en détresse. Pour la plupart, ce sont des médecins ou des paramédicaux, dont la moitié en première mission. Les autres, plus expérimentés, se chargent de l'encadrement.

**LOGISTICIENS (25%)**
*Professionnels de la construction, de la mécanique, de l'hygiène et de l'assainissement, ils se chargent aussi de tous les autres secteurs logistiques: achats, fret, systèmes de communication . . .*

**INFIRMIÈR(E)S (38%)**
*Beaucoup ont une formation complémentaire en médecine tropicale, puériculture. Ce sont souvent eux/elles qui coordonnent les consultations, les distributions de médicaments, les dispensaires et les centres de nutrition.*

**AUTRES PARAMÉDICAUX (2%)**
*Sages-femmes, laborantin(e)s et autres paramédicaux s'intègrent aux équipes lorsque les besoins de la mission l'exigent.*

**ADMINISTRATEURS (8%)**
*Ils prennent en charge la gestion administrative et financière des missions et l'encadrement non médical des personnels recrutés localement.*

**CHIRURGIENS ET ANESTHÉSISTES (2%)**
*Surtout dans les pays en guerre, pour des missions courtes (de un à trois mois).*

**MÉDECINS (25%)**
*Généralistes ou spécialistes en médecine tropicale, santé publique, pédiatrie, épidémiologie, etc.*

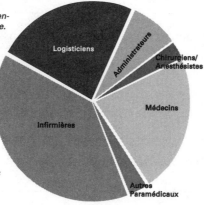

## Comment Partir?

*Le contexte spécifique des missions humanitaires rend essentiel un contact personnel avant tout départ; le dossier de candidature ne peut être établi par simple courrier. Les candidats retenus après un entretien individuel, sont inscrits dans nos fichiers et seront contactés lorsqu'un poste correspondant à leur profil sera à pourvoir.*

**Les critères de recrutement**

**•Diplômes**
Le diplôme d'État ou son équivalent pour les médicaux et paramédicaux. Pour les médecins, la licence de remplacement suffit.

**•Expérience**
Deux ans d'expérience professionnelle pour les paramédicaux et les non médicaux.

**•Langues**
La pratique d'une langue étrangère est essentielle pour tous (anglais, espagnol, portugais...).

**•Stages**
Des stages organisés par l'association pourront vous être proposés.

Ils ne remplacent pas une formation professionnelle, mais familiarisent avec l'exercice en situation précaire ou permettent d'évaluer le niveau technique déjà acquis.

**•Âge**
Il n'existe pas d'âge limite pour partir en mission. Cependant, la nécessité de posséder une expérience professionnelle et les conditions, souvent précaires, de la vie en mission font que l'âge des Médecins Sans Frontières se situe généralement entre 25 et 40 ans.

**•Indemnités**
Tous les volontaires perçoivent une indemnité de 4 000 FF mensuels versée en France et non imposable.

## Pour en savoir plus...

*Des réunions d'information ont lieu le premier mardi de chaque mois, à 14h30, et le troisième mardi de chaque mois, à 18h00, au siège de Médecins Sans Frontières: 8, rue Saint-Sabin, 75544 Paris Cedex 11.*
*Tél: +33 (0) 1 40 21 29 29, Fax: +33 (0) 1 48 06 68 68. Des réunions similaires sont organisées en province. Prenez contact avec votre antenne régionale:*

**BORDEAUX**
73, avenue d'Arès,
33000 Bordeaux
Tél: +33 (0) 5 56 98 30 83

**LILLE**
3bis, Rés. Sylvère-Verhulst,
Place Léonard-de-Vinci,
59000 Lille
Tél: +33 (0) 3 20 60 00 50

**LYON**
5, rue des Remparts-d'Ainay,
69002 Lyon
Tél: +33 (0) 4 78 42 86 50

**MARSEILLE**
3, traverse du Portugal,
13010 Marseille
Tél: +33 (0) 4 91 80 00 70

**MONTPELLIER**
12, rue Charles-Amans,
34000 Montpellier
Tél: +33 (0) 4 67 58 61 56

**PARIS-ÎLE DE FRANCE**
18, rue Bernard-Dimey
75018 Paris
Tél: +33 (0) 1 42 26 03 82

**REIMS**
2, bd Vasco-de-Gama,
51100 Reims
Tél: +33 (0) 3 26 05 80 05

**RENNES**
5, rue du Pré-Perché,
35000 Rennes
Tél: +33 (0) 2 99 30 28 28

**STRASBOURG**
10, Place du Temple Neuf,
67000 Strasbourg
Tél: +33 (0) 3 88 75 76 96

**TOULOUSE**
Péniche Clémence-Isaure,
Port Saint-Sauveur
31000 Toulouse
Tél: +33 (0) 5 61 80 64 70

MÉDECINS SANS FRONTIÈRES EST UNE ORGANISATION INTERNATIONALE AVEC DES SECTIONS INDÉPENDANTES EN BELGIQUE, ESPAGNE, HOLLANDE, AU LUXEMBOURG ET EN SUISSE. DES BUREAUX DÉLÉGUÉS NOUS REPRÉSENTENT EN ALLEMAGNE, AUTRICHE, AUSTRALIE, BELGIQUE, GRÈCE, ITALIE, NORVÈGE, SUÈDE ET EN SUISSE, AU CANADA, DANEMARK, JAPON ET AU ROYAUME UNI, AUX ÉTATS-UNIS ET À HONG KONG. POUR OBTENIR LEURS COORDONNÉES, CONTACTEZ LE SIÈGE PARISIEN DE MÉDECINS SANS FRONTIÈRES OU CONSULTEZ VOTRE MINITEL, 3615 MSF.

Answers will vary.

1. Où peut-on aller pour avoir des renseignements sur Médecins Sans Frontières?
   On peut aller au siège de Médecins Sans Frontières à Paris.

2. Peut-on y aller le mercredi après-midi? Quel jour et à quelle heure peut-on y aller?
   Non, on ne peut pas y aller le mercredi après-midi. On peut y aller
   le premier mardi de chaque mois à 14h30 et le troisième mardi de
   chaque mois à 18h00.

3. Dans quels pays d'Amérique y a-t-il des bureaux de Médecins Sans Frontières?
   Il y a des bureaux aux États-Unis et au Canada.

4. Comment peut-on avoir les adresses des bureaux de Médecins Sans Frontières dans d'autres pays?
   On peut avoir les adresses des bureaux de Médecins Sans Frontières
   dans d'autres pays en consultant le Minitel.

5. Combien de médecins partent chaque année en mission avec Médecins Sans Frontières?
   Deux mille médecins partent chaque année en mission avec Médecins
   Sans Frontières.

6. Quel est le pourcentage d'infirmiers ou infirmières qui participent aux missions? Quel est le pourcentage d'administrateurs?
   Il y a 38 pour cent d'infirmiers ou infirmières qui participent aux
   missions. Il y a 8 pour cent d'administrateurs.

7. Qu'est-ce qu'il faut être, avoir et connaître pour travailler pour Médecins Sans Frontières?
   Il faut être diplômé(e), il faut avoir deux ans d'expérience et il faut
   connaître une langue étrangère.

8. Combien d'argent donne-t-on à un médecin qui part en mission avec Médecins Sans Frontières?
   On donne 4 000 francs par mois à un médecin qui part en mission
   avec Médecins Sans Frontières.

**11** Lisez les annonces des différentes associations humanitaires, puis répondez aux questions en utilisant **si** et le **futur.** Suivez le modèle.

---

**C A D E A U X   S O L I D**

**UNICEF** vient au secours des enfants dans près de 40 pays en luttant contre la malnutrition et pour l'accès aux soins et à l'éducation. On connaît les cartes de vœux, moins bien les autres produits: Mugs, 35 F, bloc-notes, 50 F. Le papier cadeau est un recyclage d'emballages « brique » récoltés par des écoliers. Sur les 10 F de son prix, 3 F iront à l'Unicef pour les enfants du tiers-monde.

**MÉDECINS SANS FRONTIÈRES** L'ours en peluche «Baptiste» a réuni La Redoute et «MSF» afin de venir en aide aux enfants défavorisés de Madagascar et soutenir le centre médico-social pour l'enfance de MSF en France. 150 F dont 50 F vont à MSF.

**LA WWF (WORLD WILDLIFE FUND)** Sauvegardez les animaux sauvages! Écrivez-nous! Nous faisons une grande campagne pour la protection des animaux en danger. Nous voulons construire des refuges spéciaux pour tous les animaux, domestiques et sauvages. Vous pouvez nous aider. Envoyez-nous de l'argent, du matériel ou venez travailler un peu avec nous.

**NATURE** Dix pour cent des bénéfices de notre magasin sont utilisés pour la protection de l'environnement. Vous y participez en étant notre client.
Si vous désirez des livres sur l'écologie, les animaux ou la vie sauvage, venez nous rendre visite! Et savez-vous que nous avons 25 projets de sauvegarde de la nature?

**AMNESTY INTERNATIONAL** L'association produit elle-même tous les articles qu'elle vend. Calendrier «Libertés en mouvement», 85 F, étiquettes (2 pochettes de 8), 34 F, papier à lettres «Massoudy», 45 F : la totalité des revenus servira à financer des campagnes pour la protection des droits de l'homme au Zaïre et en Turquie, où la torture est pratiquée de façon quasi-systématique dans les commissariats.

---

**Modèle:** Tu veux aider les enfants. (écrire à qui?)

*Si je veux aider les enfants, j'écrirai à l'UNICEF.*

1. Sonia achète un calendrier. (aider qui?)

   Si Sonia achète un calendrier, elle aidera Amnesty International.

2. Vous achetez un ours. (donner de l'argent à qui?)

   Si nous achetons un ours, nous donnerons de l'argent à Médecins Sans Frontières.

3. Je veux participer à la lutte contre la famine. (utiliser les cartes de qui?)

   Si tu veux participer à la lutte contre la famine, tu utiliseras les cartes de l'UNICEF.

4. Je vais au magasin de Nature. (participer à quoi?)

   Si tu vas au magasin de Nature, tu participeras à la protection de l'environnement.

5. Isabelle et Karine veulent aider des enfants pauvres. (envoyer 150 francs à qui?)

   Si Isabelle et Karine veulent aider des enfants pauvres, elles enverront 150 francs à Médecins Sans Frontières.

6. Vous désirez sauvegarder les animaux sauvages. (écrire à qui?)

Si nous désirons sauvegarder les animaux sauvages, nous écrirons à la WWF.

7. Tu dois acheter un livre. (aller où?)

Si je dois acheter un livre, j'irai au magasin de Nature.

8. Nous avons besoin de papier pour écrire des lettres. (en trouver où?)

Si vous avez besoin de papier pour écrire des lettres, vous en trouverez à Amnesty International.

9. Pierre et Paul désirent que les animaux aient un refuge. (aider qui?)

Si Pierre et Paul désirent que les animaux aient un refuge, ils aideront la WWF.

---

**12** Utilisez l'expression la plus logique de la liste suivante pour dire quand les personnes indiquées feront certaines choses.

avoir votre nouvel ordinateur      se spécialiser en télématique

apprendre à faire des dessins sur ordinateur      se servir de son clavier

désirer voir des informations sur TF1      trouver un meilleur écran

faire un stage d'informatique      visiter le centre spatial en Guyane française

être reporter pour le journal de l'école      vouloir sauvegarder votre dissertation

**Modèle:** travailler avec un ordinateur / quand

Je *travaillerai avec un ordinateur quand je ferai un stage d'informatique.*

1. mettre la télé / aussitôt que

Mes parents mettront la télé aussitôt qu'ils désireront voir des informations sur TF1.

2. voir la fusée Ariane / quand

Nous verrons la fusée Ariane quand nous visiterons le centre spatial en Guyane française.

Workbook    ©EMC

3. étudier les satellites / lorsque

Maryse étudiera les satellites lorsqu'elle se spécialisera en télématique.

4. écrire des articles / dès que

Tu écriras des articles dès que tu seras reporter pour le journal de l'école.

5. acheter une imprimante / dès que

Caroline et toi, vous achèterez une imprimante dès que vous aurez votre nouvel ordinateur.

6. faire des recherches sur les moniteurs / dès que

Je ferai des recherches sur les moniteurs dès que je trouverai un meilleur écran.

7. appuyer sur les touches / quand

Patrick appuiera sur les touches quand il se servira de son clavier.

8. utiliser une souris / quand

Nadine utilisera une souris quand elle apprendra à faire des dessins sur ordinateur.

9. prendre une disquette / aussitôt que

Vous prendrez une disquette aussitôt que vous voudrez sauvegarder votre dissertation.

---

**13** L'été prochain vos amis et vous, vous participerez à une mission humanitaire. Dites ce que tout le monde fera en écrivant les phrases données au **futur.**

**Modèle:** Le docteur Richard est notre chef. / quand / Nous sommes au camp.

*Le docteur Richard sera notre chef quand nous serons au camp.*

1. J'habite en Afrique. / quand / Je participe à la mission.

J'habiterai en Afrique quand je participerai à la mission.

2. Nous n'avons pas le temps de faire les touristes. / lorsque / Nous sommes en Afrique.

Nous n'aurons pas le temps de faire les touristes lorsque nous serons en Afrique.

3. Tu montres ton passeport. / dès que / Le douanier te le demande à la frontière.

   Tu montreras ton passeport dès que le douanier te le demandera à
   la frontière.

4. Nous faisons la connaissance des gens du Ruanda. / lorsque / Ils nous rendent visite.

   Nous ferons la connaissance des gens du Ruanda lorsqu'ils nous
   rendront visite.

5. Les habitants viennent nous voir. / aussitôt que / Ils ont des problèmes.

   Les habitants viendront nous voir aussitôt qu'ils auront des problèmes.

6. Je me rends mieux compte des problèmes. / aussitôt que / Tu m'en expliques les raisons.

   Je me rendrai mieux compte des problèmes aussitôt que tu m'en
   expliqueras les raisons.

7. Tu te sers de tes connaissances en biologie. / quand / Tu étudies les plantes du pays.

   Tu te serviras de tes connaissances en biologie quand tu étudieras
   les plantes du pays.

8. Claire et toi, vous formez une équipe. / aussitôt que / Les médecins ont besoin de vous.

   Claire et toi, vous formerez une équipe aussitôt que les médecins
   auront besoin de vous.

9. Toi et moi, nous travaillons dur. / dès que / Le docteur Richard nous dit quoi faire.

   Toi et moi, nous travaillerons dur dès que le docteur Richard nous
   dira quoi faire.

10. Le docteur Richard et toi, vous embauchez d'autres personnes. / quand / Il y a trop
    de travail.

    Le docteur Richard et toi, vous embaucherez d'autres personnes
    quand il y aura trop de travail.

# Unité 7

## Les Français comme ils sont

**1 | A.** Écrivez le nom de chaque chose ou personne indiquée par une flèche (*arrow*) dans l'illustration.

1. _____une cité_____

2. _____une HLM_____

3. _____un résident_____

4. _____un mur_____

5. _____des graffiti_____

6. _____un passant_____

**B.**  Répondez aux questions avec des phrases complètes. Answers will vary.

1.  Comment appelle-t-on la cité?

    On l'appelle "Beau Soleil".

2.  Que font la plupart des ados de la cité?

    La plupart des ados de la cité nettoient les graffiti.

3.  Comment sera le mur quand il n'y aura plus de graffiti?

    Le mur sera propre.

4.  Les relations entre les résidents sont-elles tendues? Comment les résidents s'entendent-ils?

    Non, les relations entre les résidents ne sont pas tendues. Ils

    s'entendent bien.

5.  L'ambiance est-elle déprimante? Quelle ambiance y a-t-il?

    Non, l'ambiance n'est pas déprimante. Il y a une bonne ambiance.

**2** Dites si chaque phrase est vraie ou fausse selon le dialogue de la **Leçon A.** Si elle est fausse, écrivez la phrase correcte.

1.  Le Togo est le pays d'Afrique d'où vient Kofi.

    Vraie.

2.  Kofi a trois frères et sœurs.

    Fausse. Il a deux frères et sœurs.

3.  Kofi et ses parents sont venus en France pour avoir un meilleur travail.

    Vraie.

4.  La Cité Jardins plaisait à Kofi.

    Fausse. Elle ne lui plaisait pas.

5. La plupart des résidents de la Cité Jardins venaient d'Afrique.

Vraie.

6. Les résidents de la Cité Jardins s'entendaient mal.

Vraie.

7. Les jeunes de la Cité Jardins avaient beaucoup d'activités.

Fausse. Il n'y avait pas beaucoup d'activités pour les jeunes.

8. L'HLM où Kofi habite maintenant est très propre.

Vraie.

9. Les résidents qui n'ont pas d'enfants touchent les allocations.

Fausse. Les résidents qui ont des enfants touchent les allocations.

10. La plupart des Français traitent mal les étrangers.

Fausse. La plupart des Français traitent bien les étrangers.

11. Les Maghrébins ont plus d'ennuis que les autres immigrés.

Fausse. Aucun groupe d'immigrés n'a plus d'ennuis qu'un autre groupe.

12. Les immigrés veulent travailler et s'intégrer dans la société française.

Vraie.

**3** Vous allez écrire un article sur les HLM en France. Vous avez besoin de renseignements. Lisez ce que vous avez téléchargé (*downloaded*) en accédant au web.

---

HLM

# JE CHERCHE UN APPARTEMENT…
### Pourquoi pas une Habitation à Loyer Modéré?

**Pour avoir un appartement en HLM, vous devez remplir les conditions suivantes:**
- Être de nationalité française ou avoir un titre de séjour valide.
- Ne pas avoir de salaire plus élevé que le taux fixé par le gouvernement.
- Votre appartement en HLM devra être votre résidence principale.

**Comment demander un appartement?**
- Remplissez la demande.
- Donnez une copie de vos documents d'identité, de votre carte de séjour, de vos 3 dernières fiches de salaire.
- Dites où vous désirez habiter (ville, cité) et quel genre d'appartement vous cherchez.

**Que se passe-t-il après?**
- Un comité de 6 membres décide d'après les demandes et les disponibilités.
- Vous avez dix jours pour accepter ou refuser l'appartement offert.

**Vous acceptez l'offre? Vous devez payer:**
- Le prix fixé pour louer l'appartement
- Un supplément en garantie
- Les charges (gaz, eau, électricité)
- Toutes les réparations nécessaires

# LES HLM: UNE LONGUE HISTOIRE

Jules Siegfried introduit le premier projet d'HLM au gouvernement le 30 novembre 1894. Ces nouvelles habitations sont créées pour les ouvriers qui viennent travailler dans les villes. Bientôt elles sont ouvertes à toutes les personnes qui ont besoin d'un appartement mais ne peuvent pas dépenser beaucoup d'argent. Aujourd'hui encore, le gouvernement s'occupe de la construction des HLM.

**Les HLM, ce sont maintenant:**
- 900 bureaux divers
- 15 000 directeurs
- 65 000 employés
- 3 500 000 appartements à louer
- 13 000 000 résidents en HLM

Maintenant, encerclez la bonne réponse en suivant le modèle.

Modèle: *Pour avoir un appartement en HLM, faut-il...*

> *-être français?* **ou** *-être de nationalité africaine?*

---

*Pour louer un appartement en HLM, doit-on...*

1. *-avoir un salaire moins élevé que le taux décidé par le gouvernement?* **ou** *-avoir un salaire plus élevé que le taux décidé par le gouvernement?*

2. *-habiter dans cet appartement la plupart du temps?* **ou** *-habiter dans un autre appartement?*

3. *-donner tout son salaire?* **ou** *-donner ses fiches de salaire?*

*Quand on demande un appartement, est-ce qu'on...*

4. *-n'a pas le choix quant à la cité où on préfère habiter?* **ou** *-peut demander le genre d'appartement qu'on désire avoir?*

*Quand on vous offre un appartement, est-ce que...*

5. *-six personnes décident quel sera votre appartement?* **ou** *-vous choisissez votre appartement?*

6. *-vous devez accepter l'offre?* **ou** *-vous pouvez refuser l'offre?*

*Quand vous acceptez un appartement en HLM, est-ce que vous devez...*

7. *-payer un supplément d'argent?* **ou** *-demander l'eau nécessaire?*

8. *-payer les six personnes?* **ou** *-payer l'eau?*

---

**Workbook** ©EMC

*Est-ce que les HLM...*

9. -existent depuis le 19ᵉ siècle?   **ou**   -existent depuis le 20ᵉ siècle?

10. -sont la responsabilité des employés?   **ou**   -sont la responsabilité du gouvernement français?

11. -ont 13 000 000 employés?   **ou**   -ont 65 000 employés?

12. -ont 13 000 000 résidents?   **ou**   -ont 3 500 000 résidents?

**4** Imaginez que vos amis et vous, vous habitez une cité d'HLM. Votre amie Malika vous demande d'imaginer ce qui se passerait si les choses suivantes étaient vraies. Répondez-lui en utilisant **si** et le **conditionnel** de l'expression indiquée. Suivez le modèle.

**Modèle:** Imagine que tu as le temps. À quoi jouerais-tu? (au foot)

*Si j'avais le temps, je jouerais au foot.*

1. Imagine que vous êtes maghrébins. D'où viendriez-vous? (d'Afrique)

   Si nous étions maghrébins, nous viendrions d'Afrique.

2. Imagine que les résidents créent un journal. Qu'écriraient-ils? (des articles)

   Si les résidents créaient un journal, ils écriraient des articles.

3. Imagine que ton frère et toi, vous voulez une cité plus propre. Qu'est-ce que vous nettoieriez? (les graffiti)

   Si mon frère et moi, nous voulions une cité plus propre, nous

   nettoierions les graffiti.

4. Imagine que nous voulons manifester contre le chômage. Où est-ce que nous marcherions? (dans la rue)

   Si vous vouliez manifester contre le chômage, vous marcheriez

   dans la rue.

5. Imagine qu'une passante va faire les courses. Qu'est-ce qu'elle prendrait? (le bus)

   Si une passante allait faire les courses, elle prendrait le bus.

6. Imagine que les jeunes voient un passant qui agresse un résident. Qui appelleraient-ils? (un agent de police)

   Si les jeunes voyaient un passant qui agressait un résident, ils appelleraient un agent de police.

7. Imagine que tu aimes les plantes. De quoi t'occuperais-tu? (du jardin)

   Si j'aimais les plantes, je m'occuperais du jardin.

8. Imagine que les résidents et toi, vous désirez plus d'arbres. Que feriez-vous? (un parc)

   Si les résidents et moi, nous désirions plus d'arbres, nous ferions un parc.

9. Imagine que Louis s'installe dans notre cité. Où serait son appartement? (dans une HLM)

   Si Louis s'installait dans notre cité, son appartement serait dans une HLM.

---

**5** Vous travaillez pour la mairie de la ville, et vous interviewez une personne qui désire un appartement dans une autre cité d'HLM. Posez-lui des questions en utilisant les formes convenables de **quel** et les expressions indiquées.

**Modèle:** cité / habiter maintenant

   *Quelle cité habitez-vous maintenant?*

1. relations / avoir avec les autres résidents

   Quelles relations avez-vous avec les autres résidents?

2. problèmes / vous embêter dans votre cité

   Quels problèmes vous embêtent dans votre cité?

3. quartiers / préférer

   Quels quartiers préférez-vous?

4. HLM / aimer

    Quelle HLM aimez-vous?

5. genre d'appartement / chercher

    Quel genre d'appartement cherchez-vous?

6. étage / aimer mieux

    Quel étage aimez-vous mieux?

7. renseignements / pouvoir donner sur votre emploi

    Quels renseignements pouvez-vous donner sur votre emploi?

8. salaire / recevoir chaque mois

    Quel salaire recevez-vous chaque mois?

9. allocations / toucher

    Quelles allocations touchez-vous?

10. assurances / payer pour votre appartement

    Quelles assurances payez-vous pour votre appartement?

---

**6** | Fabrice vous parle de ce que tout le monde fait. Vous voulez plus de détails. Posez-lui des questions en remplaçant *(replacing)* les expressions soulignées avec la forme convenable de **lequel.**

**Modèle:** Je pars en vacances avec <u>un de mes copains</u>.

    *Avec lequel pars-tu en vacances?*

1. Mes copains jouent au tennis avec <u>des amies</u>.

    Avec lesquelles jouent-ils au tennis?

2. J'aime <u>les matchs</u>.

    Lesquels aimes-tu?

3. Je fais du footing dans <u>un de ces parcs</u>.

   Dans lequel fais-tu du footing?

4. Michel adore <u>les activités sportives</u>.

   Lesquelles adore-t-il?

5. Alain et moi, nous visitons <u>des musées</u>.

   Lesquels visitez-vous?

6. Amina fait du baby-sitting pour <u>une famille maghrébine</u>.

   Pour laquelle fait-elle du baby-sitting?

7. J'étudie avec <u>des amis</u>.

   Avec lesquels étudies-tu?

8. Mes amis étudient le français avec <u>un de ces étudiants maghrébins</u>.

   Avec lequel étudient-ils le français?

9. Mon frère travaille pour <u>une compagnie d'assurances</u>.

   Pour laquelle travaille-t-il?

10. Ma sœur préfère écouter <u>une de ces chanteuses</u>.

    Laquelle préfère-t-elle écouter?

11. Mes sœurs font les courses pour <u>de vieilles personnes</u>.

    Pour lesquelles font-elles les courses?

12. Nous achetons des plantes pour <u>un de ces jardins</u>.

    Pour lequel achetez-vous des plantes?

---

**7** Vous vous installez avec votre famille dans un nouvel appartement. Vous décrivez votre appartement à votre tante. Posez les questions de votre tante en utilisant l'expression indiquée et la forme convenable de **lequel.** Suivez le modèle.

**Modèle:** On nous montre beaucoup d'appartements. / ne pas aimer

*Lesquels n'aimez-vous pas?*

1. Nous regardons beaucoup de chaises. / choisir pour le salon

   Lesquelles choisissez-vous pour le salon?

2. J'aimerais une nouvelle télé. / aller acheter

   Laquelle vas-tu acheter?

3. Nous avons besoin d'une de tes lampes. / vouloir prendre

   Laquelle voulez-vous prendre?

4. Mes parents ne savent pas où sont toutes les assiettes. / trouver

   Lesquelles trouvent-ils?

5. Ma sœur demande une autre chambre. / préférer

   Laquelle préfère-t-elle?

6. Je nettoie les murs. / désirer peindre en bleu

   Lesquels désires-tu peindre en bleu?

7. Mon frère et moi, nous cherchons nos livres. / avoir dans le grenier

   Lesquels avez-vous dans le grenier?

8. Mon père désire son propre fauteuil. / vouloir

   Lequel veut-il?

9. Nous trouvons de nouveaux tapis. / acheter pour le salon

   Lesquels achetez-vous pour le salon?

10. Je veux une affiche. / prendre

    Laquelle prends-tu?

11. Ma mère et ma sœur ont des tableaux. / mettre au mur

    Lesquels mettent-elles au mur?

**8** | Yasmine décrit ses camarades de classe à sa cousine. Complétez chaque description avec la forme convenable de l'adjectif le plus logique.

| actif | circonspect | génial | organisé | pressé |
|---|---|---|---|---|
| bavard | différent | indépendant | ouvert | timide |

1. Magali et Nadia ne sont pas timides. Elles disent toujours ce qu'elles pensent quand on leur demande leur opinion. Elles sont très ____ouvertes____.

2. Sophie a beaucoup d'activités. Après les cours, elle suit des cours de piano. Le samedi, elle travaille dans un restaurant. Le dimanche, elle a des leçons de danse. C'est une fille ____active____.

3. Raphaël a les cheveux rouges. Il voudrait habiter dans un bateau. Il est gentil, mais il n'est pas vraiment comme les autres élèves. Il est un peu ____différent____.

4. Florence et Normand font toujours très attention à tout. Par exemple, ils étudient toujours un problème avant de décider quoi faire. Ils sont ____circonspects____.

5. Marie range sa chambre tous les jours. Elle ne perd rien, car elle sait où chaque chose est. Elle est très ____organisée____.

6. Pierre est très sympa. Il est populaire et tout le monde le trouve ____génial____.

7. Henri doit toujours se dépêcher parce qu'il est toujours en retard. Il court beaucoup parce qu'il est souvent ____pressé____.

8. Luc adore parler. Il peut téléphoner pendant des heures! Il a toujours quelque chose à dire. C'est un garçon ____bavard____.

9. Béatrice n'aime pas beaucoup le travail en équipe. Elle n'est pas égoïste, mais elle préfère se débrouiller sans l'aide des autres. Elle est très ____indépendante____.

10. Emmanuel et Marc sont très gentils, mais quand il y a beaucoup de monde, ils ont peur de parler. Par exemple, ils n'aiment pas faire des exposés en classe. Ils sont ____timides____.

**9** | Lisez le journal de Philippe dans la **Leçon B.** Puis choisissez la personne à droite qui correspond à sa description à gauche. Écrivez sa lettre dans l'espace blanc. Attention: vous pouvez utiliser les lettres plusieurs fois!

_____f_____ 1. Philippe a rencontré cette copine au Quick.          a. Philippe

_____a_____ 2. Il a eu une mauvaise note en philosophie.          b. Shelley

_____c_____ 3. Il a rencontré Philippe au café du coin de la rue.  c. Martin

_____h_____ 4. Ils vont divorcer.                                   d. les grands-parents de Philippe

_____f_____ 5. Elle a été à la Fnac avec ses amis.                 e. Laurence

_____c_____ 6. Il préférerait se distraire à un concert.           f. Émilie

_____e_____ 7. Elle s'est disputée avec son frère.                 g. Angélique Kidjo

_____g_____ 8. Cette artiste francophone donne                     h. les parents de Martin
                un concert au Zénith.

_____a_____ 9. Il aime le "franglais".

_____b_____ 10. Elle aide Émilie à acheter des vêtements.

_____b_____ 11. Elle est membre de l'équipe de foot.

_____f_____ 12. Elle et Anne sont circonspectes.

_____d_____ 13. Ils ont déjeuné chez Philippe dimanche.

**10** | Lisez les tables suivantes. Puis répondez aux questions avec des phrases complètes.

| Quelles sont les causes les plus importantes pour les Français entre 18 et 24 ans? | |
| --- | --- |
| la lutte contre le Sida | 79% |
| la lutte contre la drogue | 69% |
| la défense de l'environnement | 49% |
| les missions humanitaires mondiales | 40% |
| la lutte contre le racisme | 40% |
| l'intégration des immigrés | 18% |
| l'aide aux réfugiés politiques | 8% |

| Que font les Français entre 25 et 34 ans? | |
| --- | --- |
| sont en couple et ont des enfants | 53% |
| sont en couple, mais n'ont pas d'enfants | 21,5% |
| vivent sans enfants | 20% |
| vivent chez leurs parents | 19% |
| ont acheté leur logement | 9% |
| ont un magnétoscope chez eux | 75% |
| ont leur propre voiture | 57% |

| Qu'est-ce qui est important pour les Français entre 15 et 20 ans? | |
| --- | --- |
| la tolérance, le respect des autres | 46% |
| l'honnêteté | 44% |
| la politesse | 39% |
| le respect de l'environnement | 32% |
| la générosité | 25% |
| la famille | 17% |
| le courage | 15% |
| la patience | 13% |
| le respect de la tradition | 5% |
| l'amour du pays | 4% |

**Les plus de 18 ans et l'emploi**

| Chaque jour en France | |
| --- | --- |
| 2010 | bébés sont nés |
| 12 | bébés sont adoptés |
| 767 | couples se marient |
| 330 | couples divorcent |
| 1470 | personnes meurent |

1. Qu'est-ce qui est plus important pour les jeunes Français: la protection de l'environnement ou la lutte contre la drogue?

   La lutte contre la drogue est plus importante pour les jeunes Français.

   _____

2. D'après les pourcentages, laquelle serait plus importante pour les jeunes: une loi pour les missions humanitaires ou une loi pour aider les étrangers à s'intégrer?

   Une loi pour les missions humanitaires serait plus importante pour

   les jeunes.

3. Quel est le problème principal pour 49% des jeunes entre 18 et 24 ans?

   La défense de l'environnement est le problème principal pour 49%

   des jeunes entre 18 et 24 ans.

4. Quel groupe s'occupe plus du problème de l'environnement: les jeunes entre 15 et 20 ans ou les jeunes entre 18 et 24 ans?

   Les jeunes entre 18 et 24 ans s'occupent plus du problème de

   l'environnement.

5. Qui pense que le courage est nécessaire?

   Quinze pour cent des jeunes Français entre 15 et 20 ans pensent

   que le courage est nécessaire.

6. La plupart des jeunes Français, sont-ils au chômage ou ont-ils du travail?

   La plupart des jeunes Français ont du travail.

7. Quel pourcentage de jeunes Français n'a jamais touché de salaire?

   Onze pour cent des jeunes Français n'ont jamais touché de salaire.

8. Qu'ont fait 9% des jeunes de plus de 25 ans?

   Ils ont acheté leur logement.

9. Quel pourcentage de jeunes Français n'habitent pas dans leur propre logement? Chez qui habitent-ils?

   Dix-neuf pour cent des jeunes Français n'habitent pas dans leur

   propre logement. Ils habitent chez leurs parents.

10. Qu'est-ce que la plupart des Français de moins de 34 ans ont chez eux?

    La plupart ont un magnétoscope et une voiture.

11. Chaque jour en France, y a-t-il plus de personnes qui se marient ou qui divorcent?

    Il y a plus de personnes qui se marient.

12. Regardez tous les pourcentages dans toutes les tables. Lequel est le plus petit? Quel groupe d'âge a ce pourcentage et à quel sujet?

    Quatre pour cent est le plus petit pourcentage. Les jeunes entre

    15 et 20 ans ont ce pourcentage au sujet de l'amour du pays.

**11** Bruno a visité Paris avec sa copine Denise. Quand il rentre chez lui, il montre tous les souvenirs, brochures et photos qu'il a gardés à son petit frère Henri. Henri demande des détails. Servez-vous des illustrations pour écrire les réponses de Bruno. Utilisez les formes convenables de **ce,** et suivez le modèle.

**Modèle:** Où as-tu fait des promenades?

*J'ai fait des promenades dans ce parc.*

1. Où as-tu souvent mangé?

J'ai souvent mangé dans ce restaurant.

2. Où as-tu habité?

J'ai habité cette maison.

3. Où as-tu fait la connaissance de tes nouveaux amis?

J'ai fait la connaissance de mes nouveaux

amis dans ce café.

4. Denise et toi, qu'est-ce que vous avez écouté pendant le voyage?

Nous avons écouté ces CDs (français).

5. Qu'est-ce que tu as acheté sur les Champs-Élysées?

J'ai acheté ces lunettes de soleil.

_____

6. Qui as-tu rencontré?

J'ai rencontré cet acteur (français).

_____

7. Quels tableaux est-ce que Denise a préférés au musée?

Elle a préféré ces paysages.

_____

8. Qu'est-ce que tu as acheté à la tour Eiffel?

J'ai acheté cette affiche.

_____

9. Quel monument est-ce que tu as admiré le plus?

J'ai admiré cette église le plus.

_____

10. Qu'est-ce que tu as gardé pour te souvenir de tes vacances?

J'ai gardé ces billets.

_____

**12** | Malika rend visite à son copain Patrick. Pendant leur promenade, elle lui pose des questions sur ce qu'elle voit. Écrivez les réponses de Patrick en utilisant les formes convenables de **celui**. Suivez les modèles.

**Modèles:** Laquelle de ces deux écoles s'appelle "Marie Curie"? ("Victor Hugo")

*Celle-ci s'appelle "Marie Curie", et celle-là "Victor Hugo".*

Lesquels de tes copains connais-tu depuis longtemps? (depuis cette année)

*Je connais ceux-ci depuis longtemps, et ceux-là depuis cette année.*

1. Lequel de ces deux fast-foods a les meilleurs sandwichs? (les meilleures glaces)

   Celui-ci a les meilleurs sandwichs, et celui-là les meilleures glaces.

2. Lesquels de ces magasins vendent des marques américaines? (des marques françaises)

   Ceux-ci vendent des marques américaines, et ceux-là des

   marques françaises.

3. Laquelle de ces deux rues prends-tu pour aller à la piscine? (pour aller à l'école)

   Je prends celle-ci pour aller à la piscine, et celle-là pour aller à l'école.

4. Lesquels de ces graffiti vas-tu nettoyer cet après-midi? (demain)

   Je vais nettoyer ceux-ci cet après-midi, et ceux-là demain.

5. Lequel de tes oncles s'est marié l'année passée? (le mois dernier)

   Celui-ci s'est marié l'année passée, et celui-là le mois dernier.

6. Lesquelles de ces résidentes de la cité aides-tu quelquefois? (tous les weekends)

   J'aide celles-ci quelquefois, et celles-là tous les weekends.

7. Laquelle de tes amies maghrébines vient de Tunisie? (du Maroc)

   Celle-ci vient de Tunisie, et celle-là du Maroc.

8. Laquelle de tes copines rencontres-tu dans le bus tous les jours? (le samedi)

   Je rencontre celle-ci dans le bus tous les jours, et celle-là le samedi.

**13** Éric lit quelques passages de son journal à sa copine Sonia. Elle lui demande s'il fait souvent ce qu'il a noté. Écrivez les questions de Sonia en remplaçant les expressions soulignées avec les formes convenables de **celui.**

**Modèle:** *lundi, 10h00: Nous parlons du chômage. Je me dispute avec <u>les copains</u> qui ont des idées différentes.*

*Tu te disputes souvent avec ceux qui ont des idées différentes?*

1. *lundi, midi: Je déjeune avec <u>les copines</u> qui viennent du Togo.*

   Tu déjeunes souvent avec celles qui viennent du Togo?

   _____

2. *mardi, 17h00: J'apprends <u>ma leçon</u> de français très rapidement.*

   Tu apprends souvent celle de français très rapidement?

   _____

3. *mercredi matin: Je rencontre <u>les copains</u> qui habitent la cité d'HLM.*

   Tu rencontres souvent ceux qui habitent la cité d'HLM?

   _____

4. *mercredi soir: J'enregistre <u>les émissions</u> qui parlent des animaux sauvages.*

   Tu enregistres souvent celles qui parlent des animaux sauvages?

   _____

5. *jeudi, 7h00: Je prends <u>le bus</u> qui va au stade.*

   Tu prends souvent celui qui va au stade?

   _____

6. *vendredi, 17h00: Je téléphone à <u>mon copain</u> qui sort avec moi le weekend.*

   Tu téléphones souvent à celui qui sort avec toi le weekend?

   _____

7. *samedi, 11h00: J'écris à <u>ma correspondante</u> qui habite au Canada.*

   Tu écris souvent à celle qui habite au Canada?

   _____

8. *dimanche, 18h00: J'utilise <u>l'ordinateur</u> de mon frère pour accéder au web.*

   Tu utilises souvent celui de ton frère pour accéder au web?

   _____

# *Unité 8* *L'histoire de France*

**1** Christine adore l'histoire de France. En visite à Paris, elle écrit un journal pour se rappeler ce qu'elle a vu et appris. Complétez chaque phrase avec l'expression la plus logique de la liste suivante.

| | | | | |
|---|---|---|---|---|
| contre | Gaulois | paix | terre | vaincre |
| Dieu | Normands | passé | tombé | vitraux |
| fière | Occident | pieux | | |

*Mardi 12 mai,*

*Je suis à l'Hôtel Lutèce, un nom qui vient du* ___passé___ *historique de*
1.

*Paris. En 52 avant Jésus-Christ, les Romains sont en guerre avec les habitants de la*

*Gaule qui s'appellent les* ___Gaulois___*. Les Romains prennent la ville et*
2.

*échangent son nom* ___contre___ *celui de Lutèce. Puis la guerre finit et la*
3.

___paix___ *arrive. Mais la ville a encore des ennemis. Certains viennent*
4.

*du Nord. Ce sont les* ___Normands___*. (Leur nom ressemble à "Normandie",*
5.

*une ancienne province française.) Ces ennemis-là brûlent la ville de Paris en 857!*

*Mercredi 13 mai,*

*Ce matin j'ai visité la cathédrale de Notre-Dame. J'ai surtout admiré les*

___vitraux___*, de superbes fenêtres de toutes les couleurs. J'ai rencontré*
6.

un garçon, Fabrice. Quand nous sommes sortis pour admirer la grande porte, il n'a pas fait

attention au petit escalier et il est _____tombé_____! Après, il a eu très mal au genou.

                                          7.

*Mercredi 14 mai,*

Je suis allée à la Sainte-Chapelle, construite sous Louis IX. Le roi Louis IX était catholique.

Il croyait en _____Dieu_____ et il était très _____pieux_____. Il est parti

                    8.                                      9.

en croisade. Finalement, c'est la maladie qui a réussi à le _____vaincre_____. Il est

                                                              10.

mort en 1270 en Tunisie, sur une _____terre_____ très loin de la France.

                                        11.

*Jeudi 15 mai,*

Ah! Je suis très _____fière_____ de moi! J'ai gagné à un jeu! Je marchais dans la

                        12.

rue quand un journaliste de la radio m'a demandé si je voulais jouer. J'ai dit que oui. Il m'a

posé des questions sur l'histoire de France. Par exemple, donnez un autre nom pour l'Ouest.

J'ai répondu l'_____Occident_____. Facile, non? Et voilà, maintenant j'ai mille francs de

                    13.

plus dans mon portefeuille!

---

**2** | Lisez les renseignements donnés dans la **Leçon A,** puis écrivez le nom de chaque personne
qui parle.

1. Je suis un général romain très ambitieux. Avec mon armée, j'ai vaincu mes ennemis à
   Alésia, en Gaule. Je suis _____Jules César_____.

2. Je suis le premier héros de la France. À 20 ans j'ai réussi à réunir les différentes tribus de
   mon pays pour faire la guerre contre les Romains. Mais j'ai perdu. Je suis
   _____Vercingétorix_____.

3. Je suis la mère d'un très grand empereur. On m'a donné un nom un peu drôle parce que
   j'avais un pied plus grand que l'autre. Je suis _____Berthe (au grand pied)_____.

4. Moi, je suis devenu empereur en 800. J'ai créé un très grand pays. J'ai voulu que tout le monde aille à l'école et j'ai demandé aux moines d'écrire des livres. Je suis _____Charlemagne_____.

5. J'ai dit à mon cousin qu'il deviendra roi d'Angleterre après moi, mais ce n'est pas vrai. C'est Harold qui sera le prochain roi de mon pays. Je suis _____Édouard_____ _____d'Angleterre_____.

6. Je suis le Français qui a vaincu les Anglais en 1066. J'ai fait une grande enquête sur les gens de mon pays et leurs terres. Je suis mort parce que je suis tombé de cheval, mais mon influence est toujours là. Je suis _____Guillaume le Conquérant_____.

7. Je suis la mère d'un roi de France très aimé. Mon fils est devenu roi quand il avait 12 ans, alors c'est moi qui ai gouverné en attendant qu'il soit plus vieux. Je suis _____Blanche de Castille_____.

8. Je suis devenu roi à l'âge de 12 ans. J'ai toujours été très pieux, alors je suis parti en croisade. J'ai fait construire la Sainte-Chapelle à Paris. Les Français m'appréciaient parce que j'aimais la justice. Je suis _____Louis IX_____.

---

**3** | Utilisez les renseignements donnés dans l'**Enquête culturelle** de la **Leçon A** pour faire correspondre chaque endroit de la colonne de droite à un nom de la colonne de gauche. Écrivez la lettre qui correspond à l'endroit dans l'espace blanc. Suggested answers.

   **d**    1. Jules César                 a. les Pyrénées

   **g**    2. Vercingétorix             b. Dijon

   **i**    3. Orgétorix                 c. Bayeux

   **b**    4. les ducs de Bourgogne      d. l'empire romain

   **a**    5. Roland                     e. Hastings

   **h**    6. Charlemagne              f. Jérusalem

   **c**    7. Mathilde                   g. la Gaule

   **e**    8. Guillaume le Conquérant    h. Aix-la-Chapelle

   **f**    9. Louis IX                  i. l'Helvétie

**4** | Daniel est à Paris avec ses amis. Complétez ce qu'il dit en écrivant la forme convenable de **faire** et l'expression la plus logique de la liste suivante. Attention: utilisez le temps approprié pour le verbe **faire**.

| attention | des études | la queue | le tour |
|---|---|---|---|
| chaud | prisonnier | du shopping | un voyage |
| la connaissance | une promenade | les touristes | |

**Modèle:** Je suis à Paris parce que je _____ *fais un voyage* _____ en France avec mes copains.

1. Hier nous _____ avons fait la connaissance _____ de jeunes Français.

2. Ils vont à l'université où ils _____ font des études _____ d'histoire.

3. Aujourd'hui nous _____ faisons le tour _____ de la Sainte-Chapelle avec eux.

4. Ils nous expliquent qu'en 1250, les Égyptiens ont vaincu Saint-Louis et l'_____ ont fait prisonnier _____.

5. Je sais que Saint-Louis était un bon roi. Il écoutait les pauvres gens et il _____ faisait attention _____ à leurs besoins.

6. Ce matin ma copine Suzanne et toi, vous visitez les magasins des Champs-Élysées. Vous _____ faites du shopping _____!

7. Nous avons de la chance: il y a du soleil et il _____ fait chaud _____ aujourd'hui.

8. C'est le temps idéal pour visiter tous les monuments de la ville. Nous _____ faisons _____ _____ les touristes _____ à Paris!

9. Au musée du Louvre, nous devons attendre longtemps avant d'entrer. Il faut que nous _____ fassions la queue _____ pendant deux heures.

10. Et cet après-midi tu vas marcher dans le jardin du Luxembourg. Tu _____ feras _____ _____ une promenade _____ dans ce joli parc.

**5** | Lisez ce que veulent les personnes suivantes avant ou pendant leurs vacances en France. Puis écrivez ce qu'elles font faire en utilisant les indications données. Suivez le modèle.

**Modèle:** Les Martin veulent habiter une maison dans le sud. (construire)

*Les Martin font construire une maison dans le sud.*

1. Pascal a besoin de son billet d'avion tout de suite. (envoyer)

Pascal fait envoyer son billet d'avion tout de suite.

2. Marie veut des réservations dans deux hôtels différents. (faire)

   Marie fait faire des réservations dans deux hôtels différents.

3. Les parents d'André veulent connaître l'adresse de leur hôtel. (écrire)

   Les parents d'André font écrire l'adresse de leur hôtel.

4. Toi et moi, nous voulons la climatisation dans notre chambre d'hôtel. (mettre)

   Toi et moi, nous faisons mettre la climatisation dans notre

   chambre d'hôtel.

5. Henri et toi, vous avez besoin d'argent. (changer 200 dollars)

   Henri et toi, vous faites changer 200 dollars.

6. Louise et Sophie ont besoin d'une voiture. (louer)

   Louise et Sophie font louer une voiture.

7. Tu désires avoir des photos de toi devant chaque monument parisien. (prendre)

   Tu fais prendre des photos de toi devant chaque monument parisien.

8. Je veux connaître les événements du passé de la France. (raconter)

   Je fais raconter les événements du passé de la France.

---

**6** Nadine et Thibault préparent leur examen d'histoire. Thibault pose des question et Nadine y répond. Écrivez les questions de Thibault et les réponses de Nadine en utilisant le verbe **faire** suivi d'un infinitif. Attention: utilisez **qui** dans les questions et les pronoms convenables dans les réponses.

**Modèle:** venir / les meilleurs professeurs dans son château (Charlemagne)

Thibault: *Qui a fait venir les meilleurs professeurs dans*

*son château?*

Nadine: *Charlemagne les a fait venir.*

1. tuer / Vercingétorix (Jules César)

   Thibault:   Qui a fait tuer Vercingétorix?

   Nadine:   Jules César l'a fait tuer.

2. appeler / la ville de Paris "Lutèce" (les Romains)

   Thibault: Qui a fait appeler la ville de Paris "Lutèce"?

   Nadine: Les Romains l'ont fait appeler "Lutèce".

3. ouvrir / les premières écoles (Charlemagne)

   Thibault: Qui a fait ouvrir les premières écoles?

   Nadine: Charlemagne les a fait ouvrir.

4. faire / l'enquête sur les gens et leurs terres (Guillaume le Conquérant)

   Thibault: Qui a fait faire l'enquête sur les gens et leurs terres?

   Nadine: Guillaume le Conquérant l'a fait faire.

5. construire / Notre-Dame de Paris (Maurice de Sully)

   Thibault: Qui a fait construire Notre-Dame de Paris?

   Nadine: Maurice de Sully l'a fait construire.

6. partir / les gens en croisade (Saint-Louis)

   Thibault: Qui a fait partir les gens en croisade?

   Nadine: Saint-Louis les a fait partir en croisade.

7. délivrer / la ville d'Orléans (Jeanne d'Arc)

   Thibault: Qui a fait délivrer la ville d'Orléans?

   Nadine: Jeanne d'Arc l'a fait délivrer.

8. brûler / Jeanne d'Arc (les Anglais)

   Thibault: Qui a fait brûler Jeanne d'Arc?

   Nadine: Les Anglais l'ont fait brûler.

**7** | Alain apprend sa leçon d'histoire. Choisissez l'expression la plus logique de la liste suivante pour compléter ce qu'il dit. Attention: utilisez la forme convenable des verbes.

| l'Autriche | durer | impôts | règne |
| avoir beau | la chasse | large | rusée |
| avoir lieu | conseils | province | survivre |

1. Vercingétorix ____a eu beau____ essayer, il n'a pas réussi à vaincre Jules César.

2. Pendant son ____règne____, Charlemagne a ouvert des écoles.

3. Guillaume le Conquérant est tombé de cheval, mais il n'a pas pu ____survivre____ et il en est mort.

4. Des croisades ____ont eu lieu____ pendant le règne de Louis IX au 13^e siècle.

5. Catherine de Médicis était une femme intelligente et ____rusée____.

6. Catherine de Médicis a aidé ses fils en leur donnant souvent des ____conseils____.

7. Le massacre de la Saint-Barthélemy a eu lieu à Paris et en ____province____.

8. ____L'Autriche____ est un pays près de l'Allemagne.

9. Louis XVI aimait beaucoup aller à ____la chasse____, c'était un de ses sports favoris.

10. Au 18^e siècle le gouvernement de Louis XVI était pauvre parce que peu de gens payaient des ____impôts____.

11. L'empire de Napoléon a commencé en 1804 et a fini en 1815. Cet empire ____a duré____ 11 ans.

12. Les Champs-Élysées sont une ____large____ avenue créée par Haussmann au 19^e siècle.

**8** | Lisez les renseignements donnés dans la **Leçon B**, puis encerclez la bonne expression pour compléter chaque phrase.

1. Catherine de Médicis était la femme....

   (a.) d'Henri II　　　　　b. de Charles IX　　　　　c. de François II

2. La famille de Catherine de Médicis était....

   a. française　　　　　b. anglaise　　　　　(c.) italienne

3. Pendant le massacre de la Saint-Barthélemy, on a tué....

     a. des catholiques          b. les Médicis          (c.) des protestants

4. Marie-Antoinette venait....

     a. d'Italie          (b.) d'Autriche          c. de France

5. Pendant le règne de Louis XVI, les Français ont aidé....

     (a.) les Américains          b. les gens de Paris          c. l'Autriche

6. La Révolution française a commencé quand les Parisiens ont....

     a. fait prisonnier le roi          (b.) pris la Bastille          c. guillotiné le roi et la reine

7. Le marquis de La Fayette a aidé le général Washington à....

     a. vaincre les Américains          (b.) vaincre les Anglais          c. vaincre Louis XVI

8. La Fayette est devenu général....

     (a.) dans l'armée américaine          b. dans la Révolution française          c. dans l'armée française

9. Quand il est rentré en France après la guerre de l'Indépendance américaine, La Fayette....

     (a.) s'est occupé de politique          b. est parti pour Valley Forge          c. a fait du commerce

10. Georges Haussmann était....

     a. un roi de France          b. un général autrichien          (c.) un ingénieur français

11. Un des monuments de Paris est....

     a. le Quartier latin          (b.) l'arc de triomphe          c. les Champs-Élysées

12. Pour améliorer la ville de Paris, Haussmann a travaillé pendant....

     a. 10 ans          b. 30 ans          (c.) 20 ans

---

**9**   Mettez en ordre les lettres au centre pour trouver les noms des personnes à gauche. Écrivez chaque nom dans l'espace blanc à droite.

1. chef des protestants français au 16ᵉ siècle      NOCLGIY          _Coligny_

2. fils de Catherine de Médicis      HRSELAC          _Charles_

3. médecin à la cour de
   Catherine de Médicis    SDAOUTNSMAR     _Nostradamus_

4. reine de France née
   en Autriche    MNETEATOREIATNI    _Marie-Antoinette_

5. roi de France, ami des
   Américains    SUILO     _Louis_

6. marquis français, ambassadeur
   aux colonies américaines    LETAEYTFA     _La Fayette_

7. Américain populaire en
   France au 18ᵉ siècle    KAINFRNL     _Franklin_

8. premier président
   américain    WSGNAHOTIN     _Washington_

---

**10** | Imaginez quels seraient les titres des articles dans les journaux français du temps passé.
Complétez les titres en écrivant la forme convenable du verbe **avoir** et l'expression la plus
logique de la liste suivante.

| 15 ans | besoin | faim | lieu |
|--------|--------|------|------|
| beau | de la chance | froid | peur |

**Modèle:**   Marie-Antoinette se marie: elle _____ *a 15 ans* _____.

1. Les protestants _____ ont peur _____ pendant les guerres de Religion.

2. Le massacre de la Saint-Barthélemy _____ a lieu _____ le 24 août 1572.

3. Sous Louis XVI, beaucoup de gens _____ ont faim _____ parce qu'ils sont
   très pauvres.

4. Louis XVI _____ a beau _____ essayer, il ne peut pas arrêter la Révolution.

5. Le général Washington _____ a besoin _____ de l'aide de La Fayette.

6. Joséphine _____ a de la chance _____ : on lui donne sa liberté après la Révolution.

7. L'armée de Napoléon _____ a froid _____ en traversant la Russie cet hiver.

**11** Nadine passe un examen d'histoire. Le professeur lui pose des questions. Écrivez les réponses de Nadine en utilisant l'**infinitif passé.**

**Modèle:** Quand les Parisiens ont-ils guillotiné le roi? (prendre la Bastille)

*Après avoir pris la Bastille, les Parisiens ont guillotiné le roi.*

1. Quand Henri IV est-il devenu populaire? (signer la paix pour terminer les guerres de Religion)

   Après avoir signé la paix pour terminer les guerres de Religion, Henri IV est devenu populaire.

2. Quand Louis XIV est-il mort? (gouverner la France pendant 72 ans)

   Après avoir gouverné la France pendant 72 ans, Louis XIV est mort.

3. Quand Louis XVI et Marie-Antoinette sont-ils morts? (devenir prisonniers)

   Après être devenus prisonniers, Louis XVI et Marie-Antoinette sont morts.

4. Quand les Américains sont-ils devenus indépendants? (gagner la guerre contre les Anglais)

   Après avoir gagné la guerre contre les Anglais, les Américains sont devenus indépendants.

5. Quand La Fayette est-il devenu général dans l'armée américaine? (accepter de travailler sans salaire)

   Après avoir accepté de travailler sans salaire, La Fayette est devenu général dans l'armée américaine.

6. Quand La Fayette est-il rentré en France? (faire la guerre en Amérique)

   Après avoir fait la guerre en Amérique, La Fayette est rentré en France.

7. Quand Franklin a-t-il négocié la fin de la guerre de l'Indépendance américaine? (devenir le représentant des colonies américaines en France)

   Après être devenu le représentant des colonies américaines en France, Franklin a négocié la fin de la guerre de l'Indépendance américaine.

8. Quand Joséphine est-elle devenue la femme de Napoléon I<sup>er</sup>? (se marier)

   Après s'être mariée, Joséphine est devenue la femme de Napoléon I<sup>er</sup>.

   _____

9. Quand Napoléon I<sup>er</sup> est-il parti en exil? (perdre la bataille de Waterloo)

   Après avoir perdu la bataille de Waterloo, Napoléon I<sup>er</sup> est parti en exil.

   _____

10. Quand la ville de Paris a-t-elle reçu le nom de "Ville lumière"? (devenir moderne)

   Après être devenue moderne, la ville de Paris a reçu le nom de

   "Ville lumière".

---

**12** | Jamila et Valérie sont parties à Paris. Jamila décrit ce qu'elles y ont fait les deux premiers jours. Complétez ses phrases en utilisant l'**infinitif passé.**

**Modèle:** arriver à Paris

    *Après être arrivée à Paris*, j'ai acheté un guide de la ville.

1. lire le guide

   _____ Après avoir lu le guide _____,

   j'ai décidé où aller d'abord.

2. voir les Champs-Élysées

   _____ Après avoir vu les Champs-Élysées _____,

   nous sommes allées au Louvre.

3. visiter le musée

   _____ Après avoir visité le musée _____,

   nous sommes allées à la tour Eiffel.

4. revenir à l'hôtel

   _____ Après être revenues à l'hôtel _____,

   nous avons fait un somme.

5. dormir

   _____ Après avoir dormi _____,

   j'ai écrit une carte postale à mon copain.

6. manger au restaurant

   _____Après avoir mangé au restaurant_____,

   nous sommes allées en boîte.

7. s'amuser

   _____Après nous être amusées_____,

   nous sommes rentrées.

8. se réveiller le lendemain

   _____Après nous être réveillées le lendemain_____,

   nous avons décidé d'aller à Versailles.

9. descendre à la station Pont de Sèvres

   _____Après être descendues à la station Pont de Sèvres_____,

   nous avons pris le bus.

10. faire le tour du château

    _____Après avoir fait le tour du château_____,

    nous avons fait une promenade dans les jardins.

# Unité 9   *L'Afrique francophone*

**1** | Écrivez le mot qui correspond à chaque définition, puis encerclez-le dans la grille (*grid*) suivante. Cherchez dans toutes les directions.

1. C'est le nom d'un large espace en Afrique où il y a beaucoup de sable.     Sahara

2. C'est un pays d'Afrique.     Niger

3. C'est la capitale du Niger.     Niamey

4. C'est un groupe de maisons africaines.     concession

5. C'est une petite maison africaine.     case

6. C'est un très gros oiseau.     autruche

7. C'est un animal qui court très vite.     antilope

8. C'est un animal qui ne vit plus depuis longtemps.     dinosaure

9. C'est le roi des animaux.     lion

10. C'est un animal qui a un très long cou.     girafe

11. C'est un gros animal qui aime se reposer dans la rivière.     hippopotame

12. C'est un animal africain qui a l'air d'un chien.     hyène

13. C'est un très gros animal gris d'Afrique.     éléphant

14. On peut y voir beaucoup d'animaux sauvages.     zoo

```
E  H  C  U  R  T  U  A  B  E  A
F  Y  E  M  A  I  N  F  O  R  T
A  E  D  N  E  T  K  L  A  U  V
R  N  H  J  I  S  Q  H  Z  A  J
I  E  O  L  U  G  A  P  M  S  O
G  N  O  I  S  S  E  C  N  O  C
W  P  N  Y  L  Z  A  R  Z  N  M
E  M  A  T  O  P  O  P  P  I  H
X  T  N  A  H  P  E  L  E  D  G
```

**2** Après avoir lu le dialogue de la **Leçon A**, lisez chaque phrase et soulignez l'expression qui n'est pas correcte. Écrivez ensuite l'expression correcte dans l'espace donné.

1. Salmou, la nouvelle copine d'Abdoulaye, <u>est infirmière.</u>

   fait ses études d'infirmière

2. Le musée national de Niamey a un parc, des pavillons et <u>un château.</u>

   un zoo

3. Au musée on voit des vêtements et des squelettes <u>humains.</u>

   de dinosaures

4. Salmou va faire une photo des girafes devant <u>une case</u> de Niamey.

   un gratte-ciel

5. Dans les villages modèles, on peut voir <u>les gratte-ciel</u> et les cases.

   les concessions

6. Garba est un <u>jeune</u> homme qui travaille comme artisan.

   vieil

7. Garba travaille avec du cuir et de la peau <u>d'antilope.</u>

   de chèvre

8. Salmou et Abdoulaye regardent <u>les portefeuilles</u> et les tapis de Garba.

   les sandales

9. Dans la boutique du musée, Salmou regarde <u>les pagnes.</u>

   les foulards de tête

10. Les amis ont un problème d'argent. Salmou <u>donne</u> 2.000 francs à Abdoulaye.

    emprunte

**3** Barrez (*cross out*) la phrase de chaque paire qui n'est pas correcte d'après les renseignements donnés dans l'**Enquête culturelle** de la **Leçon A**.

1. Le Niger est plus grand que le Texas.      ~~Le Texas est plus grand que le Niger.~~

2. ~~Le Sahara donne de l'eau au pays.~~      Le Sahara est un désert.

3. ~~Le désert devient moins grand au Niger.~~      Le désert devient plus grand au Niger.

4. Les animaux au Niger sont moins nombreux qu'au passé.      ~~Les animaux au Niger sont aussi nombreux qu'au passé.~~

5. Les Français ont eu des colonies au Niger au 20$^e$ siècle.      ~~Les Français ont des colonies au Niger depuis six mille ans.~~

6. Niamey est le centre d'affaires du Niger.      ~~Niamey est un fleuve au Niger.~~

7. ~~Peu de Nigériens sont musulmans.~~      Beaucoup de Nigériens sont musulmans.

8. Des artisans travaillent dans les ateliers au musée national de Niamey.      ~~Il n'y a pas d'artisans au musée national de Niamey.~~

9. ~~On ne peut pas prendre des photos des animaux au parc de Niamey.~~      On ne peut pas prendre des photos de l'aéroport de Niamey.

10. ~~Les gens au Niger exigent souvent que les touristes les prennent en photo.~~      Les gens au Niger n'aiment pas beaucoup que les touristes les prennent en photo.

**4** Abdoulaye et ses amis sont au Niger. Chacun (*each one*) parle d'une visite au parc de Niamey. Complétez ce qu'ils disent en choisissant une des expressions de la liste suivante. Attention: utilisez le temps approprié du verbe. Suivez le modèle.

être         être d'accord

être à         être en train de

**Modèle:** Salmou a perdu le guide du Niger. Ce livre _____*était à*_____ sa sœur.

1. Je _____suis d'accord_____ avec Patrick. Je crois que les zoos sont intéressants.

2. Quand nous avons rencontré Abdoul au zoo, il _____était en train de_____ regarder les autruches.

3. Tu _____es d'accord_____ avec moi. Tu penses aussi que les lions sont de superbes animaux.

4. Les hippopotames étaient dans l'eau. Ils _____étaient en train de_____ se reposer.

5. Nous rigolons parce que nous regardons des singes qui _____ sont en train de _____ jouer.

6. Vous êtes déprimé parce que vous avez perdu l'appareil-photo qui _____ était à _____ votre père.

7. Le musée est ouvert aujourd'hui parce que nous _____ sommes _____ dimanche.

8. Fatima et moi, nous _____ sommes d'accord _____ avec Salmou. La boutique du musée est géniale.

9. Latifa a emprunté des lunettes de soleil. Elles _____ étaient à _____ Ali.

10. Marianne a trouvé un chapeau. Il _____ était au _____ garde.

11. Demain le parc sera fermé parce que nous _____ serons _____ lundi.

---

**5** | Caroline parle de ses voyages en Afrique. Complétez les phrases suivantes en écrivant le verbe entre parenthèses au **plus-que-parfait**.

Avant d'être allés au Sénégal, ma famille et moi, nous _____ étions allés _____ au
                                                          1. (aller)

Niger. Mon père _____ avait voulu _____ passer quelques jours à Niamey. Moi, j'y
                       2. (vouloir)

_____ étais _____ déjà _____ restée _____ l'année dernière quand
                  3. (rester)

j'_____ avais travaillé _____ pour une compagnie africaine. J'y _____ avais rencontré _____
           4. (travailler)                                         5. (rencontrer)

de jeunes Africains très sympa. Nous _____ étions devenus _____ amis. Ils
                        6. (devenir)

_____ avaient fini _____ leurs études au lycée, et ils _____ avaient décidé _____ d'aller à
   7. (finir)                                             8. (décider)

l'université à Paris. Abdoulaye et Yasmine _____ avaient _____ déjà _____ voyagé _____
                                        9. (voyager)

en France, mais pas Abdoul. Celui-ci n'_____ avait visité _____ que la Suisse et l'Italie.
                                 10. (visiter)

J'_____ avais été _____ très triste de quitter Niamey. Je _____ m'étais _____ bien
         11. (être)                                          12. (s'amuser)

_____ amusée _____ dans cette jolie ville.

**6** Dites pourquoi ces amis ont fait ou pas les choses suivantes pendant leurs vacances au Niger. Utilisez le **passé composé** et le **plus-que-parfait** dans vos phrases en suivant le modèle.

**Modèle:** ne pas partir avec eux / déjà aller au zoo

Jamila *n'est pas partie avec eux parce qu'elle était déjà allée au zoo.*

1. adorer voir les squelettes de dinosaures / écrire une longue dissertation à ce sujet

Véronique a adoré voir les squelettes de dinosaures parce qu'elle avait écrit une longue dissertation à ce sujet.

2. avoir peur / s'approcher trop près des hyènes

Ils ont eu peur parce qu'ils s'étaient approchés trop près des hyènes.

3. ne pas aller au parc avec Latifa / le déjà visiter

Caroline n'est pas allée au parc avec Latifa parce qu'elle l'avait déjà visité.

4. devoir expliquer l'histoire de Niamey / se vanter de tout connaître sur cette ville

Catherine a dû expliquer l'histoire de Niamey parce qu'elle s'était vantée de tout connaître sur cette ville.

5. visiter la boutique / rencontrer l'artisan au marché

Ahmed et Laïla ont visité la boutique parce qu'ils avaient rencontré l'artisan au marché.

6. ne pas acheter de sandales / déjà dépenser beaucoup d'argent

Nous n'avons pas acheté de sandales parce que nous avions déjà dépensé beaucoup d'argent.

7. ne pas regarder les pagnes de la boutique / en acheter déjà un le matin

Aïcha <u>n'a pas regardé les pagnes de la boutique parce qu'elle en</u>
<u>avait déjà acheté un le matin.</u>

8. visiter une case en banco / venir pour étudier les maisons traditionnelles

Tu <u>as visité une case en banco parce que tu étais venu(e) pour</u>
<u>étudier les maisons traditionnelles.</u>

9. ne pas avoir de problèmes avec la langue / étudier l'arabe

Marc et moi, nous <u>n'avons pas eu de problèmes avec la langue parce que</u>
<u>nous avions étudié l'arabe.</u>

10. ne pas se lever tôt / rentrer très tard de Zinder

Nous <u>ne nous sommes pas levé(e)s tôt parce que nous étions rentré(e)s</u>
<u>très tard de Zinder.</u>

**7** Regardez bien les deux illustrations pour pouvoir répondre aux questions avec des phrases complètes.

Autrefois

De nos jours

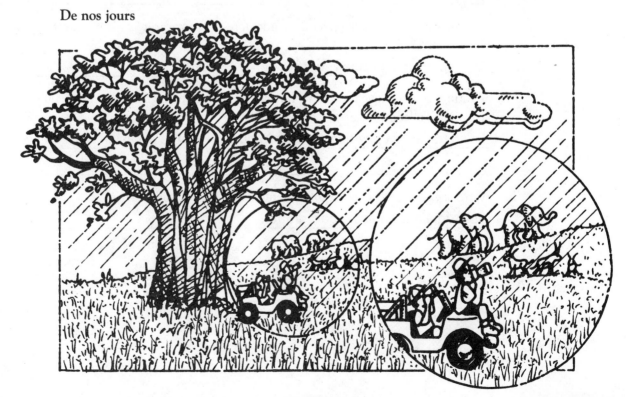

**A.** AUTREFOIS Sample answers.

1. Que font les hommes dans la première illustration?

   Les hommes chassent.

2. Après quel gibier courent-ils?

   Ils courent après une gazelle.

3. Sous quel genre d'arbre les enfants sont-ils assis?

   Ils sont assis sous un baobab.

4. Les deux enfants n'ont qu'un fruit. Qu'est-ce qu'ils font donc?

   Ils partagent le fruit.

5. À votre avis, qu'est-ce qui pousse dans le champ?

   Du mil pousse dans le champ.

**B.** DE NOS JOURS

6. Est-ce qu'il y a du soleil dans la deuxième illustration? Si non, qu'est-ce qu'il y a?

   Non, il n'y a pas de soleil. Il y a de la pluie.

7. À votre avis, pourquoi les gardes forestiers ne chassent-ils pas le gibier?

   Ils ne chassent pas le gibier parce qu'ils protègent la faune.

8. À votre avis, est-ce que le projet des gardes forestiers pour protéger le gibier est une réussite?

   Oui, ce projet est une réussite.

9. À votre avis, est-ce que les enfants travaillent dans le champ de mil ou est-ce qu'ils ont l'occasion d'aller à l'école?

   Ils ne travaillent pas dans le champ de mil. Ils ont l'occasion d'aller à l'école.

10. Autrefois, dans quel genre d'école les enfants du Mali étudiaient-ils?

    Ils étudiaient à l'école coranique.

**8** | Relisez la lettre de Moussa dans la **Leçon B,** puis classez *(classify)* chaque phrase en disant si cela s'est passé à l'époque de son grand-père ou si cela se passe de nos jours. Écrivez les phrases dans la partie convenable de la grille.

1. Moussa a réussi au bac.

2. Le mil pousse grâce aux nombreuses pluies.

3. On se marie très jeune.

4. Les jeunes n'ont pas les moyens de se marier.

5. Les parents décident avec qui leurs enfants vont se marier.

6. Les enfants vont surtout à l'école coranique.

7. Les parents se méfient de l'influence de la ville sur leurs enfants.

8. Les hommes chassent les animaux.

9. On protège la faune.

10. On ne peut plus chasser les gazelles.

| À l'époque du grand-père | À l'époque de Moussa |
|---|---|
| (3) On se marie très jeune. | (1) Moussa a réussi au bac. |
| (5) Les parents décident avec qui leurs enfants vont se marier. | (2) Le mil pousse grâce aux nombreuses pluies. |
| (6) Les enfants vont surtout à l'école coranique. | (4) Les jeunes n'ont pas les moyens de se marier. |
| (7) Les parents se méfient de l'influence de la ville sur leurs enfants. | (9) On protège la faune. |
| | (10) On ne peut plus chasser les gazelles. |
| (8) Les hommes chassent les animaux. | |
| | |
| | |
| | |
| | |
| | |

**9** | Encerclez la bonne réponse à la question d'après les renseignements donnés dans l'**Enquête culturelle** de la **Leçon B.**

1. Où est situé le Mali?

   (a.) entre le Sénégal           b. entre Bamako et           c. au nord du Niger
        et le Niger                    Tombouctou

2. Quel est le pourcentage de terres utilisées pour faire pousser des produits au Mali?

   (a.) 20%                        b. 12%                       c. 70%

3. Comment s'appelle le marché central de Bamako?

   a. le Grand Marché              b. le Marché d'Afrique       (c.) le Marché Rose

4. Où peut-on aller pour suivre un enseignement religieux?

   a. au Sahara                    (b.) à l'école coranique     c. au Marché Rose

5. Qu'est-ce que c'est que Tombouctou?

   a. un désert                    b. une école coranique       (c.) une ville du Mali

6. Quand est-ce qu'on a établi Tombouctou?

   (a.) au 12$^e$ siècle           b. en 1968                   c. au 20$^e$ siècle

7. Quelles sont deux professions d'Oumou Sangaré?

   a. chanteuse et actrice         (b.) chanteuse et écrivain   c. compositrice et
                                                                   princesse

8. Qui a aidé Oumou à devenir chanteuse?

   a. le public                    b. les jeunes du Mali        (c.) sa mère

9. Qu'est-ce que c'est que *Moussolou*?

   a. une ville du Mali            (b.) une cassette d'Oumou    c. un oasis
                                        Sangaré

10. Qu'est-ce que les jeunes veulent entendre pendant les concerts de Sangaré?

    (a.) des chansons sur          b. des chansons              c. des chansons
         leur présent et leur avenir   traditionnelles              françaises

**10** | Abdoul et ses sœurs Jamila et Fatima ont visité la ville de Mopti avec des amis. Maintenant, pendant que Fatima fait du shopping, Abdoul et Jamila préparent les valises. Mais ils ne peuvent pas trouver certaines choses. Complétez leur dialogue avec les **adjectifs possessifs** convenables.

Abdoul: Je cherche ____ma____ montre. Est-ce que tu l'as vue, Jamila?
1.

Jamila: Non, je n'ai pas vu ____ta____ montre. Est-ce que tu sais où sont ____mes____
2.                                                     3.

lunettes de soleil?

Abdoul: ____Tes____ lunettes de soleil sont sur la table, près du chapeau de Fatima. Tu vois
4.

____son____ chapeau?
5.

Jamila: Oui. Maintenant j'ai besoin de trouver la carte du Mali de Fatima. ____Sa____
6.

carte a été très utile, n'est-ce pas? Ah, la voici! Fatima et moi, nous avons acheté des

sandales en cuir. Où sont ____nos____ nouvelles sandales?
7.

Abdoul: Je ne sais pas où sont ____vos____ nouvelles sandales. Moi, je cherche l'adresse de
8.

cette nouvelle copine. Tu sais où j'ai mis ____son____ adresse? Elle m'avait aussi
9.

donné le numéro de téléphone de ____ses____ cousins au Niger. J'ai perdu
10.

____leur____ numéro aussi!
11.

Jamila: Tu perds tout! Est-ce que tu te souviens où tu habites? Est-ce que tu connais

____ta____ propre adresse?
12.

Abdoul: Ah oui! Tu peux rigoler. Fatima et toi, vous avez perdu ____votre____ appareil-
13.

photo au zoo. Est-ce que tu t'en souviens?

Jamila:   Non, nous n'avons pas perdu ___notre___ appareil-photo. Nous avons perdu
                                          14.

___notre___ argent.
   15.

Abdoul:   Tiens, voici la montre que je cherchais. Regarde, je viens de trouver ___ma___
                                                                             16.

montre! Elle était sous ce pull vert. Est-ce qu'il est à toi?

Jamila:   Non, ce n'est pas ___mon___ pull. C'est celui de Fatima. Et toi, où est ___ton___
                              17.                                              18.

pull, celui que tu as acheté au parc?

Abdoul:   Le voici. Tu sais, je pense que les pulls faits par les artisans du marché étaient

vraiment super, mais ___leurs___ bijoux étaient trop chers. Tiens, voici des
                         19.

sandales. Est-ce qu'elles sont à toi?

Jamila:   Non, elles sont à Fatima. Ce sont ___ses___ nouvelles sandales. Moi, je n'ai
                                           20.

toujours pas trouvé ___mes___ sandales, ni ___mes___ lunettes de soleil!
                        21.                    22.

Abdoul:   Heureusement, nous avons ___nos___ billets d'avion.
                                      23.

Jamila:   Où sont-ils?

Abdoul:   Eh bien, ils sont... Ouf! Les voici!

**11** | Yakaré et son ami Abdoulaye visitent un village au Mali. Ils y rencontrent un vieil artisan qui
leur parle de sa vie au bon vieux temps. Complétez ce qu'il dit en remplaçant les expressions
entre parenthèses avec les pronoms possessifs convenables. Suivez le modèle.

**Modèle:**   Les cases que nous habitions étaient différentes de celles des autres villages.

_____*Les nôtres*_____ étaient blanches; _____*les leurs*_____
   (Nos cases)                            (leurs cases)

étaient marron.

Nous chassions du gibier. Je partageais quelquefois _____le mien_____ avec celui de mon
                                                      1. (mon gibier)

ami Moussa quand _____<u>le sien</u>_____ n'était pas assez pour nourrir sa famille.

2. (son gibier)

Quelquefois nos amis nous donnaient _____<u>le leur</u>_____ et nous faisions une grande fête.

3. (leur gibier)

La femme de Moussa s'appelait Yasmine; _____<u>la mienne</u>_____ s'appelait Aïcha. Comment

4. (ma femme)

s'appelle _____<u>la tienne</u>_____, Abdoulaye? Ah, tu n'es pas marié! À mon époque, c'était

5. (ta femme)

différent. Par exemple, les parents de Moussa ont choisi sa femme. _____<u>Les miens</u>_____

6. (Mes parents)

aussi ont décidé avec qui j'allais me marier. Et _____<u>les tiens</u>_____, Yakaré, est-ce

7. (tes parents)

qu'ils vont décider pour toi?

Moussa et moi, nous avons passé des années à l'école coranique. Mon école était au

village. _____<u>La sienne</u>_____ était chez lui parce que son père était professeur.

8. (L'école de Moussa)

_____<u>Le mien</u>_____ était artisan. Et _____<u>le tien</u>_____, Yakaré, quelle profession

9. (Mon père)                  10. (ton père)

fait-il? Nos parents travaillaient aussi dans les champs. Et _____<u>les vôtres</u>_____, est-ce

11. (vos parents)

qu'ils ont un champ? _____<u>Les nôtres</u>_____ faisaient pousser du mil. Les familles habitaient

12. (Nos parents)

dans une grande concession. Les cases étaient jolies. _____<u>La nôtre</u>_____ était en banco.

13. (La case de ma famille et moi)

La famille de Moussa était nombreuse. Ils avaient deux cases. _____<u>Les leurs</u>_____ étaient

14. (Les cases de la famille de Moussa et lui)

plus grandes que _____<u>la nôtre</u>_____. Maintenant mes enfants habitent dans des

15. (la case de ma famille et moi)

gratte-ciel. Et toi, Abdoulaye, tu as un appartement, n'est-ce pas? Est-ce que _____<u>le tien</u>_____

16. (ton appartement)

est confortable? _____<u>Le leur</u>_____ est petit, mais joli. Moi, je préfère les concessions de

17. (L'appartement de mes enfants)

mon village!

**12** | Des amis sont en vacances au Niger. Ils parlent de ce qu'ils ont acheté. Écrivez les pronoms possessifs qui correspondent aux expressions entre parenthèses pour compléter leurs phrases. Suivez le modèle.

**Modèle:** (à tes frères) Je ne vais pas donner ces affiches d'animaux à mon frère. Je vais les donner _____*aux tiens*_____ .

1. (mes affiches) J'ai acheté des affiches aussi. _____Les miennes_____ montrent le Sahara.

2. (de nos nouvelles sandales) Vous parlez de vos nouvelles sandales ou _____des nôtres_____ ?

3. (ses sandales) Dikembe préfère les sandales que j'ai achetées. _____Les siennes_____ ne sont pas en cuir.

4. (de vos foulards de tête) Je ne parle pas de mes nouveaux foulards de tête. Je parle _____des vôtres_____ .

5. (leurs pagnes) Ce ne sont pas mes pagnes. Ce sont _____les leurs_____ .

6. (ton tapis) Mon petit tapis de Zinder est en cuir et _____le tien_____ est en peau de chèvre.

7. (à ta mère) Je vais offrir cette bague à ma mère. Et toi, est-ce que tu vas en offrir une _____à la tienne_____ ?

8. (leurs bijoux) Les bijoux de la boutique étaient différents de ceux des artisans du marché. _____Les leurs_____ étaient faits à la main.

9. (nos bracelets) Votre bracelet est en or. _____Les nôtres_____ sont en argent.

10. (à sa copine) Je vais donner ce livre à ma copine et Salim va donner celui-ci _____à la sienne_____ .

11. (tes cartes) Les cartes que j'ai achetées montrent des antilopes. _____Les tiennes_____ montrent des lions.

12. (de votre sac à dos) Je n'ai pas besoin de ce sac à dos, mais j'ai besoin _____du vôtre_____ parce qu'il est plus grand.

# Unité 10    On s'adapte

| **Leçon A** |
| --- |

**1** | Utilisez les expressions de la liste suivante pour dire ce que ces personnes font à l'hôpital. Suivez le modèle.

| de l'aspirine | à la cheville | des pastilles |
| --- | --- | --- |
| des béquilles | un fauteuil roulant | un plâtre |
| un bandage | une ordonnance | dans la salle d'attente |

**Modèle:** M. Lambert doit attendre le médecin. Où va-t-il s'asseoir?

*Il va s'asseoir dans la salle d'attente.*

1. Mme Leprince s'est cassé le pied. Dans quoi est-elle assise?

   Elle est assise dans un fauteuil roulant.

2. Pierre a un problème avec son pied. Où a-t-il mal?

   Il a mal à la cheville.

3. Le médecin a découvert la maladie de Mlle Lalique. Que lui donne-t-il?

   Il lui donne une ordonnance.

4. Lucie s'est foulé la cheville. Que va-t-elle utiliser pour marcher?

   Elle va utiliser des béquilles.

5. Olivier s'est cassé le pied. Qu'est-ce qu'il a au pied maintenant?

   Il a un plâtre.

6. Salim a mal à la gorge. Qu'est-ce que le médecin lui dit d'acheter?

   Il lui dit d'acheter des pastilles.

7. L'infirmière sait que M. Henri a mal au poignet. Qu'est-ce qu'elle lui met?

   Elle lui met un bandage.

8. Patrick a très mal à la tête. Qu'est-ce que le médecin lui donne?

   Il lui donne de l'aspirine.

**2** Relisez le dialogue de la **Leçon A.** Puis, pour chaque question, cochez *(check)* le(s) nom(s) qui est (sont) la réponse convenable.

| | Karine | Mathieu | Karine et Mathieu |
|---|---|---|---|
| 1. Qui est dans la salle d'attente de l'hôpital? | | | √ |
| 2. Qui est dans un fauteuil roulant avec la jambe élevée? | √ | | |
| 3. Qui a le poignet entouré d'un bandage? | | √ | |
| 4. Qui est à l'hôpital depuis deux heures? | | √ | |
| 5. Qui a eu un problème en descendant du train? | √ | | |
| 6. Qui a reçu l'aide d'une femme pour faire venir le SAMU? | √ | | |
| 7. Qui a été heurté par un garçon pendant un match de foot? | | √ | |
| 8. Qui a été conduit à la salle des urgences par sa mère? | | √ | |
| 9. Qui a eu une radiographie? | | | √ |
| 10. Qui doit marcher avec des béquilles? | √ | | |
| 11. Qui s'est déjà foulé la cheville? | √ | | |
| 12. Qui va partir en voiture? | | | √ |
| 13. Qui doit aller à la pharmacie? | | | √ |

**3** Lisez ces articles de différents magazines et journaux français, puis répondez aux questions avec des phrases complètes.

**A.**

La Coupe du Monde *de Football*
vous donne rendez-vous dans 10 villes de France.
Pour ne pas manquer *l'événement,*
réservez votre billet de train
dès le 5 décembre.

FRANCE
COUPE DU MONDE
Prestataire Agnée

SNCF

À NOUS DE VOUS FAIRE PRÉFÉRER LE TRAIN.

**B.**

STADE DE FURIANI
**BASTIA** 20:00 **LE HAVRE**

JURIETTI (15) MORAVCIK (10) PRINCE (18)
MENDY (14) ROOL (6) KOZNIKU (28)
DURAND (1) M. SOUMAH (3) Cap. LAURENT (29)
SWIERCZEWSKI (7) DEGUERVILLE (5)

SOLOY (12) HÉNIN (25) PRAT (21)
DE NEEF (8) POLLET (4) HAMEL (16)
BECANOVIC (27) DHORASOO (10) DELAUNAY (5) Cap.
MANSOURI (24) NOVAK (20)

Arbitre : M. COUÉ

| Les cinq derniers matchs : N - N - G - P - P. | Les cinq derniers matchs : G - P - G - N - G. |
|---|---|
| **Entraîneur :** F. Antonetti. | **Entraîneur :** D. Troch. |
| **Remplaçants :** Boumnijel (g.) (31), Modesto (27), M. Faye (8), Jestrovic (9), Gohel (19). | **Remplaçants :** Beauchet (g.) (30), Horlaville (11), Camara (13), Sane (17), Louis-Jean (22). |
| **Suspendu :** Perez. | **Suspendu :** néant. |
| **Absents :** Casanova (élongation), Etame (convalescence), Moreau (hernie discale), Piveteau (contracture), André (cheville). | **Absents :** Huysman (entorse cheville), Uvenard et Samson (convalescence), Pouget (équipe réserve). |

**C.**

# Pour les fous du foot

*Quelle parenté entre Paolo et Nestor Rossi?* (Aucune). *Quelle partie du stade de France pèse autant que la tour Eiffel?* (Le toit). *Quel joueur s'est fait remarquer par des cheveux bleus, violets et or?* (Maradonna)… On pourrait continuer longtemps (mais sans jamais parler de caisse noire), maintenant que les fous de ballon ont de quoi potasser leur Mondial. Un Trivial Pursuit spécial «culture foot», riche de 1 800 questions essentielles pour qui voudrait être Thierry Roland à la place de Thierry Roland. F. de G.

• *Ed. Parker, 249 F.*

C'EST À TOI!
Level Three

**A.** SNCF Sample answers.

1. Dans combien de villes françaises y aura-t-il des matchs de foot pendant la Coupe du Monde?

   Il y aura des matchs de foot dans dix villes françaises.

2. Comment peut-on aller dans ces villes de France pour assister aux matchs?

   On peut y aller en train.

3. Qu'est-ce qu'on peut faire après le 5 décembre?

   On peut réserver son billet de train.

**B.** BASTIA/LE HAVRE

4. Combien de personnes de chaque équipe vont jouer?

   Onze personnes de chaque équipe vont jouer.

5. Comment s'appelle la personne qui joue pour Le Havre et qui porte le numéro 4?

   Il s'appelle Pollet.

6. Un membre de l'équipe de Bastia appelé André ne va pas participer au match. Où s'est-il fait mal?

   Il s'est fait mal à la cheville.

**C.** POUR LES FOUS DU FOOT

7. De quelle couleur étaient les cheveux de Maradonna?

   Il avait les cheveux bleus, violets et or.

8. Qu'est-ce que c'est que Trivial Pursuit spécial "culture foot"?

   C'est un jeu.

9. Combien coûte ce Trivial Pursuit spécial "culture foot"?

   Il coûte 249 francs.

**4** | La mère de Michel s'est foulé la cheville. Quand elle rentre de l'hôpital, Michel s'occupe d'elle. Utilisez l'expression donnée pour écrire la question que Michel lui pose. Puis choisissez l'expression de la liste suivante qui est la plus logique et écrivez la réponse de sa mère. Suivez le modèle.

| une tranche | une tasse | un kilo |
|---|---|---|
| une boîte | une bouteille | un morceau |
| un pot | | |

**Modèle:** pastilles / assez

     *Est-ce que tu as assez de pastilles?*

     *Oui, j'ai une boîte de pastilles.*

1. chocolat / un peu

   Est-ce que tu as un peu de chocolat?

   Oui, j'ai un morceau de chocolat.

2. eau minérale / beaucoup

   Est-ce que tu as beaucoup d'eau minérale?

   Oui, j'ai une bouteille d'eau minérale.

3. oranges / trop

   Est-ce que tu as trop d'oranges?

   Oui, j'ai un kilo d'oranges.

4. thé / assez

   Est-ce que tu as assez de thé?

   Oui, j'ai une tasse de thé.

5. jambon / un peu

   Est-ce que tu as un peu de jambon?

   Oui, j'ai une tranche de jambon.

6. confiture / beaucoup

   Est-ce que tu as beaucoup de confiture?

   Oui, j'ai un pot de confiture.

**5** Écrivez ce qui se passe à l'hôpital aujourd'hui en utilisant la forme convenable de l'adjectif entre parenthèses pour décrire le sujet.

**Modèle:** les infirmiers / travailler dur (tout)

*Tous les infirmiers travaillent dur.*

1. les parents / attendre dans la salle d'attente (la plupart de)

   La plupart des parents attendent dans la salle d'attente.

2. les mères / s'inquiéter de la santé de leurs enfants (certain)

   Certaines mères s'inquiètent de la santé de leurs enfants.

3. les enfants / jouer dans la salle d'attente (quelque)

   Quelques enfants jouent dans la salle d'attente.

4. la personne malade / se reposer dans une chambre (chaque)

   Chaque personne malade se repose dans une chambre.

5. les jeunes / rendre visite aux personnes âgées (plusieurs)

   Plusieurs jeunes rendent visite aux personnes âgées.

6. l'infirmière / pouvoir faire un plâtre (n'importe quel)

   N'importe quelle infirmière peut faire un plâtre.

7. les médecins / donner des ordonnances (tout)

   Tous les médecins donnent des ordonnances.

8. le médecin / se reposer (aucun... ne)

   Aucun médecin ne se repose.

9. l'employé de l'hôpital / faire du bon travail (n'importe quel)

   N'importe quel employé de l'hôpital fait du bon travail.

**6**   Karima va écrire un article sur l'hôpital de sa ville pour le journal de l'école. Elle interviewe un des médecins. Écrivez les réponses du médecin aux questions de Karima en utilisant la forme convenable de l'adjectif entre parenthèses. Suivez le modèle.

**Modèle:** Y a-t-il des médecins qui travaillent le dimanche?

(certain) *Oui, certains médecins travaillent le dimanche.*

1. Quelles personnes passent des heures dans la salle d'attente?

    (quelque) Quelques personnes passent des heures dans la salle d'attente.

2. Quelles infirmières s'occupent des personnes âgées?

    (quelque) Quelques infirmières s'occupent des personnes âgées.

3. Est-ce que les médecins travaillent pour le SAMU?

    (plusieurs) Oui, plusieurs médecins travaillent pour le SAMU.

4. Beaucoup de personnes ont-elles besoin d'une radiographie?

    (la plupart de) Oui, la plupart des personnes ont besoin d'une radiographie.

5. Quelle infirmière peut mettre un bandage sur un poignet?

    (n'importe quel) N'importe quelle infirmière peut mettre un bandage sur un poignet.

6. Les personnes qui se sont cassé le pied ont-elles besoin d'un plâtre?

    (tout) Oui, toutes les personnes qui se sont cassé le pied ont besoin d'un plâtre.

7. Ce fauteuil roulant est-il pratique?

    (un tel) Oui, un tel fauteuil roulant est pratique.

8. Une ordonnance est-elle donnée par un médecin?

    (chaque) Oui, chaque ordonnance est donnée par un médecin.

9. Quels infirmiers travaillent dans la salle des urgences?

(certain) _Certains infirmiers travaillent dans la salle des urgences._

10. Une personne est-elle tombée dans le couloir de l'hôpital?

(aucun... ne) _Non, aucune personne n'est tombée dans le couloir de l'hôpital._

11. Cette personne qui est tombée a-t-elle besoin de béquilles?

(autre) _Non, une autre personne qui est tombée a besoin de béquilles._

**7** Un nouvel hôpital vient d'ouvrir. Remplacez chaque expression soulignée par l'expression entre parenthèses qui est la plus logique pour dire ce qui s'y passe. Faites tous les changements nécessaires. Suivez le modèle.

**Modèle:** <u>Marie et Bruno</u> attendent le médecin. (tous les deux / un autre)

_Tous les deux attendent le médecin._

1. <u>Tout le monde</u> peut téléphoner au SAMU. (quelque chose / n'importe qui)

_N'importe qui peut téléphoner au SAMU._

2. L'infirmier s'occupe d'<u>une personne</u>. (quelqu'un / la plupart)

_L'infirmier s'occupe de quelqu'un._

3. <u>Le médecin et l'infirmière</u> travaillent dans la salle des urgences. (n'importe qui / tous les deux)

_Tous les deux travaillent dans la salle des urgences._

4. Le médecin voit <u>une chose</u> intéressante sur la radiographie. (quelqu'un / quelque chose d')

_Le médecin voit quelque chose d'intéressant sur la radiographie._

5. <u>Certains médecins</u> utilisent un ordinateur pour écrire leurs ordonnances. (la plupart / un autre)

_La plupart utilisent un ordinateur pour écrire leurs ordonnances._

6. <u>Certaines pharmaciennes</u> travaillent à l'hôpital. (quelqu'un / plusieurs)

_Plusieurs travaillent à l'hôpital._

**8** Vous lisez un journal français. Complétez les deux petits articles qui suivent en choisissant l'expression la plus logique pour chaque espace blanc. Vous pouvez utiliser la même expression deux fois.

| aucun... ne | n'importe qui | quelque chose | tous les deux |
|---|---|---|---|
| l'un… l'autre | plusieurs | quelqu'un | |

---

## UN MAUVAIS MATCH

_____Quelque chose_____ s'est passé pendant le match de football hier.
     1.

Beaucoup de personnes sont tombées. _____Plusieurs_____ se sont
     2.

fait mal au genou. _____Quelqu'un_____ a téléphoné au SAMU.
     3.

Heureusement, _____aucun n'_____ a eu besoin de béquilles.
     4.

---

## DE MAUVAISES VACANCES

_____N'importe qui_____ peut tomber, tout le monde le fait. Denis Leroi
     5.

et Michel Ducat le savent. Ces deux garçons sont venus passer leurs vacances ici pour

skier. Ils skiaient _____l'un_____ à côté de _____l'autre_____
     6.

quand ils sont tombés. _____Tous les deux_____ se sont cassé le
     7.

pied. Maintenant ils marchent avec des béquilles. Ils auront

_____quelque chose_____ à raconter quand ils rentreront de leurs
     8.

vacances d'hiver!

---

## Leçon B

**9** | Choisissez l'expression à droite qui explique l'expression à gauche, et écrivez sa lettre dans l'espace blanc.

    _f_    1. un client            a. un papier qui explique comment utiliser une chose

    _j_    2. un machin            b. dire ce qui est vrai

    _h_    3. un achat             c. ne pas être satisfait

    _k_    4. un rayon             d. une chose qui fait marcher un appareil électronique

    _i_    5. un ticket de caisse      e. rendre meilleur

    _l_    6. un bon d'achat         f. une personne qui achète quelque chose au magasin

    _a_    7. le mode d'emploi       g. le sud de la France

    _d_    8. une pile              h. ce que l'on a acheté

    _b_    9. avoir raison           i. un papier où est écrit le prix de ses achats

    _e_    10. améliorer            j. un truc

    _c_    11. être déçu            k. une partie du magasin

    _g_    12. le Midi             l. un ticket qui donne un prix moins élevé

**10** | Relisez le dialogue de la **Leçon B.** Puis, pour chaque phrase suivante, soulignez l'expression qui n'est pas correcte. Écrivez ensuite l'expression correcte dans l'espace donné.

    1. Brian Duffey passe une semaine à Avignon dans <u>le nord de la France</u>.

                   le Midi

    2. Il a acheté un dictionnaire électronique pour améliorer <u>son anglais</u>.

                   son français

    3. Il <u>achète</u> le dictionnaire au magasin parce qu'il ne marche pas.

                   rapporte

    4. Le vendeur avertit Brian qu'il doit avoir <u>le bon d'achat</u> pour échanger son appareil.

                   le ticket de caisse

    5. <u>Brian</u> jette un coup d'œil sur l'appareil.

                   Le vendeur

6. Il va falloir environ <u>trois semaines</u> pour faire réparer le dictionnaire électronique.

_____ dix jours _____

7. Le vendeur pense à changer <u>l'écran du dictionnaire</u>.

_____ la pile _____

8. Brian a eu ce problème parce <u>qu'il a essayé</u> l'appareil avant de l'acheter.

_____ il n'a pas essayé _____

9. Brian <u>doit de l'argent</u> parce que le vendeur a changé la pile.

_____ ne doit rien _____

10. Brian était <u>heureux</u> quand l'appareil ne marchait pas.

_____ déçu _____

---

**11** | Lisez quelques petits articles et la page du site de la Fnac sur le web. Puis encerclez la bonne expression pour compléter chaque phrase.

### Et la scène vous est ouverte!

La Fnac et Europe 2 attendent vos cassettes cinq titres (ou plus)! Quatre groupes seront sélectionnés et pourront faire un mini-concert le 21 juin au Forum Fnac… et ils seront interviewés sur Europe 2. Envoyez vos prouesses et coordonnées à «Qu'est-ce qui fait courir la ville?»

**Fête de la musique,
13, rue Faidherbe, 59800 Lille.**

### La Fnac fête la rentrée

À l'occasion de la rentrée scolaire et universitaire, la Fnac offre, du 2 octobre au 13 novembre, à tous les étudiants des sacs qui renferment une brochure, un livre (intitulé «Tout est possible») et un marque pages.

**Précipitez-vous à la Fnac Lille,
20, rue Saint-Nicolas, tél. 20.15.58.15.**

**Magasins**

# Magasins

fnac

GROUPE FNAC
ACTUALITÉ
ADRESSES
AGENDAS
OFFRES D'EMPLOI

**Accès direct**
aux catalogues
livres, disques,
vidéos, cédéroms.

● SOMMAIRE
● NAVIGATION
● AIDE

fnac

**Fnac Junior : les enfants ont enfin leur Fnac!**
Jusqu'au 25 avril, Fnac Junior met à l'honneur les arts créatifs.
Animations gratuites et ouvertes à tous.

**La Fnac de Lisbonne ouvre ses portes.**
Située au cœur du centre commercial de Colombo (à dix minutes du
centre ville de Lisbonne), le nouveau magasin offre un choix de produits
similaire à celui d'une grande Fnac en France.

**FNAC NOISY-LE-GRAND**     **FNAC BORDEAUX**     **FNAC TOULOUSE**

Accès direct aux catalogues livres, disques, vidéos, cédéroms.
[ Groupe Fnac I Actualité I Adresses I Agendas I Offres d'emploi ]     [ Sommaire I Navigation I Aide ]

1. Pour la Fête de la musique, tu peux envoyer... à la Fnac.

   a. un groupe          b. une cassette avec          c. des coordonnées
                            tes chansons

2. Tu peux enregistrer....

   a. moins de cinq chansons   b. cinq chansons ou plus   c. seulement une chanson

3. Si tu es choisi(e) par la Fnac, le 21 juin tu pourras faire....

   a. un concert          b. une cassette          c. un groupe

4. La Fnac de Lille offre un cadeau aux étudiants parce que c'est....

   a. la Fête de la musique     b. un magasin          c. la rentrée

5. La Fnac de Lille offre aux étudiants....

   a. des cassettes          b. un livre          c. un bon d'achat

6. L'offre spéciale de la Fnac de Lille dure....

   (a.) plus d'un mois        b. moins d'un mois        c. une semaine

7. La Fnac Junior est....

   a. un petit magasin        b. une marque de vêtements        (c.) une Fnac pour les enfants

8. Pour voir l'exposition de la Fnac Junior,....

   a. il faut payer        (b.) il ne faut pas payer        c. il faut être jeune

9. Il y a un nouveau magasin Fnac à....

   (a.) Lisbonne        b. New York        c. Rome

10. Avec la page de la Fnac sur Internet, on peut aussi lire....

   a. des lettres        (b.) des offres d'emploi        c. des tickets de caisse

---

**12** Certaines personnes ont acheté un dictionnaire électronique. Suivez le modèle pour dire ce qu'elles auraient fait si elles s'étaient rendu compte, en rentrant chez elles, que ces appareils ne marchaient pas. Utilisez le **conditionnel passé.**

**Modèle:** changer la pile

Delphine *aurait changé la pile.*

1. se débrouiller sans aide

   Vincent et Alain _se seraient débrouillés sans aide._

2. lire le mode d'emploi

   Tu _aurais lu le mode d'emploi._

3. le réparer moi-même

   Je _l'aurais réparé moi-même._

4. demander à son père de le réparer

   Robert _aurait demandé à son père de le réparer._

5. se rappeler de vérifier les piles

   Jean-François et moi, nous _nous serions rappelés de vérifier les piles._

6. téléphoner tout de suite au vendeur

   Vous _auriez téléphoné tout de suite au vendeur._

7. le rapporter au magasin

   M. Dumas <u>l'aurait rapporté au magasin.</u>

8. se fâcher avec le vendeur

   Isabelle et Chloé <u>se seraient fâchées avec le vendeur.</u>

9. avertir le gérant

   Édouard <u>aurait averti le gérant.</u>

10. se disputer avec le vendeur

    Valérie <u>se serait disputée avec le vendeur.</u>

11. perdre patience rapidement

    Le frère de Sophie <u>aurait perdu patience rapidement.</u>

12. choisir un autre appareil

    Frédéric et toi, vous <u>auriez choisi un autre appareil.</u>

---

**13** | L'année dernière Marc et ses camarades de classe ont passé une journée à Avignon, mais ils n'y ont pas eu assez de temps. Écrivez ce que ses amis et lui auraient fait et vu s'ils avaient eu plus de temps. Mettez les verbes entre parenthèses au **conditionnel passé.**

1. Luc (faire) <u>aurait fait</u> le tour du Palais des Papes.

2. Luc et toi, vous (danser) <u>auriez dansé</u> sur le pont d'Avignon.

3. David et Daniel (visiter) <u>auraient visité</u> le musée une deuxième fois.

4. J'(prendre) <u>aurais pris</u> plus de photos de la ville.

5. Vous (parcourir) <u>auriez parcouru</u> toute la ville.

6. Nous (entrer) <u>serions entrés</u> dans tous les grands magasins.

7. Caroline (retourner) <u>serait retournée</u> à la Fnac pour acheter plus de CDs.

8. Nathalie (se reposer) <u>se serait reposée</u> dans un petit café.

9. Tu (assister) <u>aurais assisté</u> à une pièce de théâtre.

10. Étienne et moi, nous (s'installer) <u>nous serions installés</u> à l'Hôtel des Papes.

**14** | Mme Toubon et sa famille sont en vacances dans le Midi. Elle imagine ce qui se serait passé si elle ou les membres de sa famille avaient fait ou pas certaines choses. Écrivez ce qu'elle dit en utilisant **si**, le **plus-que-parfait** et le **conditionnel passé**. Suivez le modèle.

**Modèle:** je / skier / se casser le pied

*Si j'avais skié, je me serais cassé le pied.*

1. je / voyager avec trois valises / avoir mal au dos

   Si j'avais voyagé avec trois valises, j'aurais eu mal au dos.

2. nous / ne pas se servir d'une carte / perdre notre chemin

   Si nous ne nous étions pas servis d'une carte, nous aurions perdu

   notre chemin.

3. les enfants / ne pas louer de voiture / se débrouiller pour prendre le train

   Si les enfants n'avaient pas loué de voiture, ils se seraient

   débrouillés pour prendre le train.

4. je / ne pas faire attention / tomber en descendant le vieil escalier

   Si je n'avais pas fait attention, je serais tombée en descendant le

   vieil escalier.

5. mon mari / jouer au foot / se fouler la cheville

   Si mon mari avait joué au foot, il se serait foulé la cheville.

6. Catherine / aller au stade / assister à un match de foot

   Si Catherine était allée au stade, elle aurait assisté à un match de foot.

7. Catherine et Jacques / ne pas voir le pont d'Avignon / être déçus

   Si Catherine et Jacques n'avaient pas vu le pont d'Avignon, ils

   auraient été déçus.

8. nous / rentrer après minuit / être fatigués aujourd'hui

   Si nous étions rentrés après minuit, nous aurions été fatigués

   aujourd'hui.

**15** René demande à sa grand-mère ce qu'elle et son grand-père auraient fait dans certains cas. Suivez le modèle pour compléter les questions de René et écrire les réponses de sa grand-mère.

**Modèle:** se fouler la cheville / utiliser des béquilles

Qu'est-ce que tu aurais fait *si tu t'étais foulé la cheville* ?

*Si je m'étais foulé la cheville, j'aurais utilisé des béquilles.*

1. pouvoir / rencontrer le président de Gaulle

   Qu'est-ce que grand-père aurait fait s'il avait pu ?

   S'il avait pu, il aurait rencontré le président de Gaulle.

2. avoir un ordinateur / se brancher sur Internet

   Qu'est-ce que grand-père aurait fait s'il avait eu un ordinateur ?

   S'il avait eu un ordinateur, il se serait branché sur Internet.

3. aller en Afrique / voir des animaux sauvages

   Qu'est-ce que vous auriez fait si vous étiez allés en Afrique ?

   Si nous étions allés en Afrique, nous aurions vu des animaux sauvages.

4. vouloir habiter dans un autre pays / s'installer à Dakar

   Qu'est-ce que tu aurais fait si tu avais voulu habiter dans un autre pays ?

   Si j'avais voulu habiter dans un autre pays, je me serais installée à Dakar.

5. être fanas de ski / aller vivre en Suisse

   Qu'est-ce que grand-père et toi, vous auriez fait si vous aviez été fanas de ski ?

   Si nous avions été fanas de ski, nous serions allés vivre en Suisse.

6. avoir un dictionnaire électronique / se débrouiller mieux au Japon

   Qu'est-ce que tu aurais fait si tu avais eu un dictionnaire électronique ?

   Si j'avais eu un dictionnaire électronique, je me serais mieux débrouillée au Japon.